# VOYAGE
## EN FRANCE,
### DU
### SOUVERAIN PONTIFE,
## PIE VII.

# VOYAGE
## EN FRANCE,
### DU
### SOUVERAIN PONTIFE,
### PIE VII.

Contenant des détails sur son départ de Rome; sa marche en Italie et sur le territoire français ; son séjour à Paris; le Sacre et le couronnement de leurs MAJESTÉS IMPÉRIALES; les fonctions pieuses du Saint-Père et ses communications avec le Clergé; ses relations avec des fonctionnaires publics, des savans et des artistes, et ses visites à différens Musées, Monumens d'arts, Manufactures et Etablissemens de bienfaisance; son départ de la Capitale et sa rentrée dans Rome;

Précédé d'une notice historique sur le Sacre et le Couronnement des Rois et des Reines de France, et sur ceux de nos Rois qui ont été sacrés par des Papes.

~~~~~~~

A PARIS,

Chez M. DEVAUX, libraire, rue des Fossés Saint-Germain-l'Auxerrois, n° 35.

―――

1807.

# PRÉFACE.

Parmi les grands événemens qui feront de la fin du 18<sup>me</sup> siècle et du commencement du 19<sup>me</sup>, une des époques les plus illustres de l'histoire, le voyage en France du Souverain Pontife, Pie VII, le sujet et les détails de ce voyage, réveilleront à jamais des sentimens de curiosité, de respect et d'admiration. Nous avons recueilli sur cet objet des renseignemens de l'exactitude et de l'authenticité desquels nous pouvons répondre. Nous n'avons omis aucun fait essentiel ; nous avons rapporté, autant qu'il nous a été possible, le texte même des discours adressés à sa Sainteté par des personnages marquans ; parce que tout cela appartient à l'histoire, peint l'esprit et le caractère de ces personnages, et même en grande partie de la nation et de l'époque où ils vivent. Nous croyons que cet ouvrage sera lu avec intérêt par toutes les personnes religieuses, par tous les observateurs, par ceux qui recherchent des détails historiques, par les amis des sciences et des arts, qui y trouveront des détails sur ce que Paris offre de plus curieux sous ce rapport, par tous les français, en un mot, à qui l'époque du voyage du Pape au milieu d'eux doit être si chère, et par les étrangers, qui ont vu avec admiration la religion se réunir à l'héroïsme pour relever un grand empire.

# VOYAGE EN FRANCE,
## DU SOUVERAIN PONTIFE,
# PIE VII.

## CHAPITRE PREMIER.

*De la cérémonie du Sacre et du Couronnement des Rois et des Reines de France, et notice sur ceux de nos Rois qui ont été sacrés par des Papes.*

L<small>E</small> principal objet du Voyage de sa Sainteté ayant été le Sacre de leurs majestés impériales, notre sujet exige qu'auparavant nous disions un mot sur le sacre et le couronnement des rois et reines de France.

Sous la première race de nos rois, l'inauguration ne consistait que dans une cérémonie purement militaire. Toujours général d'armée, le chef de la nation était élevé sur un pavois ou bouclier, proclamé roi par les troupes, qui lui prêtaient serment d'obéissance et de fidélité en agitant en l'air leurs épées.

On croit que Pépin est le premier roi français qui ait été sacré; il le fut une première fois par Saint-Boniface dans la cathédrale de Soissons (car la prérogative de sacrer les rois de France ne fut accordée au siège de Reims qu'au douzième siècle, par Louis le jeune); il le fut une seconde fois par le Pape Étienne III, dans l'église de Saint-Denis.

Cet usage est venu des Hébreux. Saül fut sacré le premier par Samuel; l'écriture l'appelle l'*Oing du Seigneur*. David, Salomon, les rois de Juda et d'Israël furent tous sacrés à son exemple, et la pratique en dura près de neuf cents ans. Pépin, roi de France, en fit revivre l'usage, et il a duré jusqu'à nos jours. Aujourd'hui tous les souverains chrétiens sont sacrés.

Les reines de France ont été ordinairement sacrées avec leurs époux. Il parut en 1723 un *Traité historique et chronologique du Sacre et couronnement des rois et reines de France*, par M. Menin, conseiller au parlement de Metz. Cet ouvrage semble avoir été le type de celui qui a paru en 1793, en Allemagne, et dont on vient de nous donner tout récemment un extrait, sous le titre de *Réflexions Philosophiques sur les couronnemens*, etc.

Cet ouvrage donne ainsi qu'il suit, la table chronologique et historique, et vraiment curieuse, du sacre et du couronnement des reines de France de la seconde et de la troisième race.

Berthe, femme de Pépin, premier roi de la seconde race, fut sacrée et couronnée au mois d'Août 754, en l'église de Saint-Denis, par le pape Étienne III.

Hermengarde, première femme de Louis-le-Débonnaire, fut sacrée et couronnée en 816, dans l'église de Reims, par le pape Étienne V. On remarque que ce pontife étant venu exprès en France pour couronner l'empereur, avait apporté deux couronnes d'or, l'une couverte de pierreries pour l'empereur, et l'autre toute simple pour l'impératrice.

Hermentrude, femme de Charles le Chauve, fut sacrée à Soissons, par Hincmar, archevêque de Reims, en 866.

Frédérune, femme de Charles le Simple, fut sacrée à Saint-Remi de de Reims, en 907.

Gerberge, fille de l'empereur Othon, femme de Louis d'Outremer, fut sacrée et couronnée à Reims, en 942.

Constance, femme du roi Robert, à Orléans, en 990.

Éléonore d'Aquitaine, première femme de Louis VII, à Bordeaux en 1137.

Constance d'Arragon, seconde femme de Louis VII, à Orléans en 1152.

Isabelle de Hainault, femme de Philippe Auguste, à Saint-Denis, en 1180.

Blanche de Castille, femme de Louis VIII, à Reims, en 1223.

Marguerite de Provence, femme de Saint-Louis, en l'église de Notre-Dame de Paris, par Gasserus, archevêque de Sens, en 1224.

Marie de Brabant, femme de Philippe le Hardi, dans la Sainte-Chapelle de Paris, en 1274.

Jeanne de Navarre, femme de Philippe le Bel, à Reims, en 1285.

Clémence de Hongrie, femme de Louis Hutin, à Reims, en 1315.

Jeanne de Bourgogne, femme de Philippe le Long, à Reims, en 1316.

Une autre Jeanne de Bourgogne, femme de Philippe de Valois, à Reims, en 1328.

Jeanne de Boulogne, femme de Jean I<sup>er</sup>., à Reims, en 1350.

Jeanne de Bourbon, femme de Charles v, à Reims, en 1364.

Isabelle de Bavière, femme de Charles vi, à Amiens, en 1380.

Depuis cette reine, on remarque que presque toutes les reines de France ont été couronnées et sacrées dans l'église de Saint Denis, savoir :

Anne de Bretagne, femme de Charles viii, en 1504.

Claude de France, première femme de François premier, en 1515.

Éléonore d'Autriche, seconde femme de François premier, en 1531 ; le Légat du Pape, présent à cette auguste cérémonie, donna la bénédiction solemnelle et l'absolution plénière à tous ceux qui s'y trouvaient présens.

Catherine de Médicis, femme de Henry ii, en 1549.

Marie Stuart, femme de François ii, en l'église de Notre-Dame de Paris, en 1558.

Élisabeth d'Autriche, femme de Charles ix, à Saint Denis, en 1571.

Marie de Médicis, seconde femme de Henry IV, le 13 mai 1610.

Cette princesse est la dernière des reines de France qui aient été sacrées. Les historiens ne disent pas les raisons pour lesquelles les femmes de Louis XIII, de Louis XIV, de Louis XV et de Louis XVI, ne furent pas sacrées. Il était digne de Napoléon premier, empereur des Français, de rappeler l'antique usage des rois de France, en associant son auguste épouse à l'imposante cérémonie de son sacre et de son couronnement. C'est donner au monde un grand exemple, et prouver en même tems qu'il la chérit comme une vertueuse compagne, et que partageant son trône, elle doit aussi partager l'amour et le respect des Français, dont ils sont tous deux si dignes.

Après ces détails sur le sacre et le couronnement des reines de France, il ne nous reste, pour remplir le but de ce premier chapitre, qu'à en donner sur ceux de nos rois qui ont été sacrés par des papes. Nous les puiserons dans un ouvrage qui a paru depuis peu sous le titre d'*Histoire abrégée des couronnemens*, par M. Boispréaux.

En 754, le pape Étienne, successeur de Zacharie, vint en France, implorer le secours de Pépin, contre la tyrannie des Lombards. Pépin accueillit avec respect sa Sainteté, et voulut être sacré une seconde fois de sa main, avec la reine, et les deux princes ses fils.

L'église de Saint Denis fut choisie pour cette cérémonie. Le pape se rendit à cette célèbre abbaye, avec le roi, la reine, ses deux fils, les évêques et les grands du royaume.

Après avoir fait préparer les ornemens royaux, savoir: l'épée, le sceptre, le manteau et la couronne, Étienne, revêtu de ses habits pontificaux, la mitre en tête, alla à l'autel, où le roi, en tunique, était à genoux sur le premier degré. Le pape demanda au peuple s'il reconnaissait Pépin pour son roi ? L'assemblée répondit d'une voix unanime qu'elle l'acceptait.

Étienne prit aussitôt l'épée, qu'il donna au roi, en disant : « Recevez ce glaive, par l'autorité divine, et la puissance qui vous est donnée pour chasser les barbares, ennemis du nom de Jésus Christ, expulser les mauvais chretiens de l'empire Français, et pour maintenir en paix le peuple qui voust est confié ».

Ensuite, il prit le Saint-Chrême, sacra le roi au front, à la poitrine et aux épaules, en disant : « Avec cette huile sanctifiée, je vous sacre roi, au nom du Père, et du Fils, et du Saint-Esprit, etc. »

Il prit le manteau royal, et dit en le lui mettant sur les épaules : « Ceci vous avertit de vous armer de force et de courage, pour défendre et garder en paix ceux que Dieu a soumis à votre puissance. »

Il lui donna le sceptre, en disant :

« Prenez ce sceptre, et souvenez-vous de gouverner vos sujets en père, et de tendre une main secourable aux ministres du Seigneur, aux veuves et aux orphelins. »

En lui posant la couronne sur la tête, il ajouta: « Que Dieu vous couronne de la couronne de gloire et de justice, et que l'huile de miséricorde reste en vous jusqu'à la consommation des siècles. Que la fermeté de votre foi vous fasse parvenir à la vie éternelle, pour régner dans le ciel avec celui qui vous fait régner sur la terre par les mérites de notre Seigneur JÉSUS-CHRIST. »

La cérémonie achevée, les évêques, les grands et le peuple lui promirent la soumission et l'obéissance.

Aussitôt que le roi fut sacré, la reine, vêtue d'une tunique semblable à la sienne, vint se mettre à genoux à sa place. Pépin se retira dans le sanctuaire, et s'assit sur un trône qui lui avait été préparé.

Berthe s'étant inclinée profondément et relevée, le pape l'oignit au front, à la poitrine et aux deux coudes, en disant cette prière: « Que cette onction vous soit un gage d'honneur et d'espérance de la vie éternelle. » Ensuite il fit une prière en lui imposant les mains.

Après cette prière, il lui donna l'anneau et le lui mit au doigt. Il fit une seconde oraison, et ajouta après, en lui mettant la couronne sur la tête: « Recevez la couronne de gloire, d'honneur et de joie, afin que vous soyez resplendissante de gloire. »

Étienne fit ensuite les onctions de Charles et de Carloman, et finit par vouer à l'anathême tout Français qui voudrait se soustraire à l'obéissance du monarque et de ses descendans.

En l'année 800, Charlemagne, roi de France, ayant par ses conquêtes, après vingt-huit ans de règne, formé un grand empire qui comprenait toute l'Italie, les Espagnes, la Suisse, l'Allemagne, la Pologne, la Hongrie, le Danemarck, la Suède, la Bavière, l'Autriche, la Hollande, la Flandre, le Portugal, la Savoie et la France, partit de Mayence où avait été convoqué une assemblée de tous ses états, et se rendit à Rome pour se faire couronner empereur d'Occident.

Le pape Léon III vint au devant de lui jusqu'à Noviento, et le vingt-quatre novembre de la même année, le fils de Pépin entra à cheval dans la capitale du monde chrétien. Le pape, les évêques et tout le clergé l'attendaient sur les degrés de la basilique de Saint-Pierre.

Le jour de Noël, Charles se rendit à cette même basilique, où, après avoir fait son oraison devant l'autel, le pape Léon lui mit la couronne sur la tête, et le peuple s'écria: « Charles Auguste, couronné de Dieu, grand et pacifique empereur des Romains ; que l'éternel prolonge tes jours et te donne la victoire. »

L'an 816, le pape Étienne, successeur de Léon III, vint en France pour rendre visite à l'empereur. Louis ordonna à Bernard, roi d'Italie, de l'accompagner jusqu'à Reims, où il l'attendait, et envoya au devant de sa Sainteté, des grands de la cour pour la recevoir avec honneur.

Arrivé à Reims, l'empereur le reçut à la descente de cheval, et lui donna la main pour le conduire à l'église de Saint-Remi, où il entonna le *Te Deum*. Après qu'il fut chanté, le clergé Romain fit son compliment à l'empereur.

Le lendemain qui était un dimanche, le pape, pendant la messe solemnelle, couronna Louis le Débonnaire, en présence du clergé et du peuple, et le sacra empereur. Il lui mit sur la tête une couronne d'or, d'une beauté admirable, ornée de pierres précieuses, qu'il avoit apportée de Rome. Il donna le nom d'Auguste à la reine Hermengarde, et la couronna d'une couronne d'or. (*Thegan de Gest. Lud.*)

Louis VII, dit le Jeune, fut associé au trône par son père, Louis le Gros, en 1131. Innocent II, qui était pour lors réfugié en France, s'offrit de lui donner l'onction royale, et convoqua à cet effet un grand concile à Reims.

Jamais sacre ne fut plus magnifique; le jeune prince était logé à l'abbaye de Saint-Remi, où le pape l'alla chercher, et le conduisit par la main à l'église cathédrale, au milieu des acclamations du peuple.

Le roi Louis le Gros l'attendait revêtu des ornemens royaux et la couronne en tête. Il s'assit pendant la cérémonie sur un trône, avec le pape; la reine Adélaïde de Savoie était sur un autre trône, à gauche, vêtue du manteau royal et la couronne en tête.

Le souverain pontife présenta le jeune prince au peuple, qui cria qu'il voulait Louis pour roi. Il lui fit ensuite les onctions sacrées avec le baume de la Sainte-Ampoule (c'est la première fois qu'il en est parlé), et lui mit la couronne sur la tête. Il le présenta au peuple avec les ornemens royaux : on entendit aussitôt les voutes sacrées retentir des cris de *vive le roi !*

Après que le jeune prince eut fait au peuple, au clergé et à la noblesse le serment usité, les évêques et les seigneurs lui prêtèrent serment de fidélité.

# CHAPITRE II.

*Sur la personne du Souverain Pontife* Pie vii. *Comment les cœurs ont été préparés en France à le recevoir. — Ce qui a précédé son départ de Rome. — Son voyage jusqu'aux frontières de France.*

∼∼∼∼∼∼

Indépendamment de la haute dignité dont le souverain Pontife est revêtu, son extérieur seul lui concilierait l'amour et le respect. C'est un homme de cinq pieds deux pouces, ayant les cheveux blancs, la figure douce et pâle ; son nom de famille est *Chiaramonti*. C'est une tradition constante et appuyée de titres suffisans dans la famille des Clermont-Tonnèrre, que les Chiaramonti, d'Italie, et les Clermont de France, sortent de la même souche. Les Clermont de France avaient pour armes les clefs de Saint Pierre.

Né à Césenne, petite ville de l'état ecclésiastique, il entra à l'âge de seize ans dans l'ordre de Saint Benoît, où il professa pendant quelques années. Pie VI, son parent, le nomma évêque de Tivoli, et en 1785, il fut élevé à la dignité de cardinal, et appelé à l'évêché d'Imola. Ce fut sur-tout pendant les révolutions d'Italie, qu'il fit éclater son désintéressement, sa douceur, sa piété, toutes les vertus que le ciel semble ne lui avoir départies que pour les faire briller de plus d'éclat, dans ces tems d'orage et de désolation. La providence veillait sur ses jours, il fut respecté au milieu des fureurs de la guerre. Élu à l'unanimité, Souverain Pontife, au conclave qui s'assembla à Venise, le 18 mars 1800, sa vie fut aussi simple qu'auparavant, son caractère fut aussi modeste, et son zèle pour la religion n'en devint que plus tendre et plus empressé.

Comme prince, il introduisit dans toutes les branches de sa dépense l'économie la plus sévère, il diminua le prix du pain, et permit la liberté du commerce des grains dans tous ses états. Lorsqu'il rentra dans Rome, le peuple le reçut avec les démonstrations de la joie la plus vive. Tel est le vénérable Pontife qui est venu en France consacrer, par la plus auguste cérémonie, et mettre sous l'égide puissante de la religion, le grand homme, le héros, que le vœu unanime des Français a porté sur le trône de Charlemagne.

Son éminence le cardinal Légat a adressé à tous les évêques et archevêques de France, à l'occasion du voyage de sa Sainteté, la lettre qui suit :

«Monseigneur, je ne doute pas que dans toute l'étendue de la France, les fidèles ne s'empressent d'adresser les vœux les plus ardens au ciel, pour attirer ses bénédictions sur notre très-saint

Père le Pape PIE VII, qui part de Rome pour se rendre à Paris. Il est d'usage, lorsque les souverains Pontifes entreprennent de longs voyages, d'ordonner des prières publiques, particulièrement dans les lieux où ils vont. Rien ne peut être plus agréable à sa Sainteté, que de recevoir en cette circonstance, de la part du peuple Français, ce témoignage public de sa vénération et de son amour pour elle. J'ai donc jugé d'autant plus convenable de vous transmettre la formule des prières usitées à Rome en pareilles occasions, qu'il en résultera dans toutes les églises de France la plus entière uniformité. »

Il s'est élevé dans tout l'empire un concert unanime des vœux au ciel pour l'heureux succès du voyage de sa Sainteté : tous les évêques se sont empressés d'entretenir leurs diocésains de ce voyage aussi intéressant pour l'église que pour l'état. Dans l'impossibilité de citer tous leurs mandemens, nous nous contenterons de rapporter l'extrait de celui que son éminence, le cardinal archevêque de Paris, a publié à cette occasion.

« Le souverain Pontife va se mettre en route, nos très-chers frères. L'objet de son voyage intéresse tous les français. Il n'en est aucun qui ne se félicite de le voir présider à une solemnité que nous pouvons appeler l'*Inauguration du bonheur national*. Mais combien ce motif si puissant n'acquiert-il pas de force, lorsqu'il est soutenu par la religion! Nous allons jouir de la présence du vicaire de Jésus-Christ, du dernier anneau de cette chaîne admirable qui lie le ciel et la terre, et qui, puisant dans l'un toutes sortes de bénédictions, les répand sur l'autre pour en purifier les habitans, et les rendre dignes du séjour de l'immortalité.

» Vénérable Pontife, héritier des vertus de vos prédécesseurs, recevez le témoignage de la reconnaissance de la portion de votre troupeau que vous venez visiter. Son attachement pour le saint Siège, lui mérita jadis le titre de très-chrétienne : les peuples que vous avez confiés à notre sollicitude sont jaloux de prouver qu'ils n'ont pas dégénéré de la piété de leurs ancêtres. Prosternés avec nous aux pieds des autels, ils vont adresser à Dieu les vœux les plus ardens, pour obtenir qu'il conserve long-tems vos jours si nécessaires à la paix de l'église ; que les anges vous accompagnent dans votre voyage, qu'ils vous portent sur leurs bras dans cette capitale, et qu'ils vous reconduisent sain et sauf dans la métropole de la chrétienté. »

Quelques jours avant l'arrivée du saint Père, son éminence disait encore dans un mandement, par lequel elle ordonnait des prières publiques à l'occasion du sacre de sa majesté l'empereur: « Voici, nos très-chers frères, un sujet bien digne de vos réflexions, bien capable de ranimer votre foi, bien propre à nourrir votre piété. Jamais

la religion ne brille avec plus d'éclat que dans cette circonstance mémorable, où ce qu'il y a de plus élevé sur la terre concourt à augmenter son triomphe et à exciter notre admiration. Le vicaire de JÉSUS-CHRIST, en prêtant son ministère, Napoléon en le réclamant, nous prouvent que tout est grand lorsque la religion le commande, qu'il n'y a de grand que ce qu'elle consacre. L'un, quoique lié par les augustes fonctions de son ministère, quoique retenu par les chaînes qu'honora le premier des apôtres, et qui honorent la capitale du monde chrétien, quitte son siège, et vient nous montrer le modèle de la vertu éclipsant la grandeur, et s'attirant plus de respect que jamais la grandeur n'en saurait exiger. Il vient répandre les bénédictions du ciel sur notre souverain et sur nous. Il vient établir dans nos consciences et mettre par conséquent sous la sauve-garde de Dieu, le sceptre que notre reconnaissance vient d'offrir au mérite. L'autre
investi

investi de la suprême magistrature par le vœu des Français, veut en outre établir son pouvoir sur des fondemens inébranlables; il veut recevoir sa couronne du roi des rois, et augmenter son autorité en s'humiliant devant son auteur..... ».

Ce n'étaient pas seulement les ministres de la religion qui préparaient les cœurs français à en recevoir le chef visible : les poëtes célébraient aussi son arrivée. Voici des stances que publia sur ce sujet M. Noël, maître d'Études au Lycée de Limoges :

Salut, salut et gloire au mortel vénérable
Dont l'auguste présence honore nos climats !
Qui du Dieu des chrétiens, apôtre infatigable,
Pour un devoir pieux, au loin porte ses pas.

Viens, au nom de ton Dieu, viens Pontife suprême,
Consacrer un monarque à l'Éternel soumis,
Et saintement jaloux de tenir du ciel même
L'Empire que la France en ses mains a remis.

Si le Christ enseigna, sous l'empire d'Auguste,
L'obéissance aux lois qu'à Rome il sut donner,
Combien doit-il paraitre et plus doux et plus juste
D'obéir au César que tu viens couronner.

Deux fois Rome l'a vu, suivi de nos cohortes
Parcourant l'Italie en vainqueur modéré,
Sur le char triomphal s'arrêter à ses portes,
Par respect pour l'asile au vrai Dieu consacré.

L'intérêt des mortels est le seul qui l'inspire ;
Ses jours sont moins nombreux que ne sont ses
bienfaits.
Pontife, adresse au ciel tous les vœux de l'empire
Pour un prince et l'amour et l'honneur des français.

Tandis qu'on attendait le souverain Pontife en France avec un pieux empressement, tout se disposait à Rome pour son départ. Enfin le 29 octobre 1804, il tint dans la capitale du monde chrétien, un consistoire secret, dans lequel il prononça en latin une allocution touchante, dont voici la traduction.

« Vénérables frères, lorsque nous vous annonçâmes, de ce lieu même, que nous avions fait un concordat avec sa majesté l'empereur des Français, alors premier consul de la république, nous fîmes éclater en votre présence la joie dont le Dieu de toute consolation remplissait notre cœur, à la vue des heureux changemens que le concordat venait d'opérer dans ce vaste et populeux empire, pour le bien de la religion catholique. En effet, les temples saints ouverts et purifiés des profanations qu'ils avaient malheureusement subies, les autels relevés, l'etendard salutaire de la croix déployé de nouveau, le vrai culte de Dieu rétabli, les mystères augustes de la religion célébrés librement et publiquement ; des pasteurs légitimes donnés aux peuples, et qui pussent se livrer tout entier au soin de leur troupeau ; la religion catholique sortant glorieusement des retraites où elle avait été obligée de se cacher, et reparaissant avec un nouvel éclat au milieu de cette illustre nation ; enfin, tant d'ames ramenées au sein de l'unité des voies où elles s'étaient égarées, et reconciliées à Dieu et avec elles-mêmes : que de motifs pour nous réjouir dans le Seigneur, et pour faire éclater notre joie !

» Une œuvre si grande et si admirable dut exciter en nous les plus vifs sentimens de reconnaissance pour le très-puissant prince qui avait employé toute son autorité à la conduire à sa fin par le moyen du concordat ; la vue de tant de biens est toujours présente à notre pensée, et nous porte sans cesse à saisir toutes les occasions qui nous seront offertes pour témoigner à ce monarque les mêmes sentimens.

» Ce puissant prince, qui a si bien mérité de la religion catholique, notre très-cher fils en Jésus-Christ NAPOLÉON, empereur des Français, nous a fait connaître qu'il desirait vivement recevoir de nous l'onction sainte et la couronne impériale, afin que la religion imprimant à cette cérémonie solemnelle le caractère le plus sacré, en fît la source des plus abondantes bénédictions.

» Cette demande faite dans de tels sentimens, n'est pas seulement en elle-même un témoignage authentique de la religion de l'empereur et de sa piété filiale pour le Saint-Siège, mais elle se trouve encore appuyée de déclarations positives, que sa volonté ferme est de protéger de plus en plus la foi sainte dont il a jusqu'ici travaillé à relever les ruines par tant de généreux efforts.

» Ainsi, vénérables frères, vous voyez combien sont justes et puissantes les raisons que nous avons d'entreprendre ce voyage ; nous y sommes déterminés par des vues d'utilité pour notre sainte religion, et par des sentimens particuliers de reconnaissance pour le très-puissant empereur, qui, après avoir employé toute son autorité pour rétablir la profession libre et publique de la religion catholique en France, nous témoigne, dans ces circonstances, un si grand desir de favoriser ses progrès et sa gloire.

» Nous sommes donc pleins d'espérance que ce voyage entrepris par nous, d'après son invitation, en nous procurant l'occasion de conférer directement avec lui et de connaître les vues de sagesse qui l'animent, tournera au profit de l'église catholique, qui est l'arche unique et véritable du salut, et que nous pourrons nous réjouir d'avoir conduit à la perfection l'ouvrage de notre sainte religion. Cette espérance repose bien moins sur nos faibles efforts, que sur la grace puissante de celui dont nous sommes établis, sans l'avoir mérité, le vicaire sur la terre. Cette grace attirée par les prières et l'efficacité des saints mystères, se répand abondamment dans le cœur des princes qui, disposés à recevoir les effets salutaires des saintes cérémonies, se regardent comme les pères des peuples confiés à leurs soins, et pleins de sollicitude pour leur salut éternel, veulent vivre et mourir comme de vrais enfans de l'église catholique.

» A ces causes, nos vénérables frères, marchant sur les traces de nos prédécesseurs qui se sont quelquefois éloignés de leur propre siège, et se sont transportés dans des régions lointaines pour le bien de la religion et la satisfaction des princes qui avaient bien mérité de l'église, nous entreprenons ce voyage sans nous dissimuler que sa longueur, une saison peu favorable, notre âge déjà avancé, et notre faible santé auraient dû nous en détourner. Mais nous comptons pour rien ces obstacles, pourvu que Dieu nous accorde ce que notre cœur lui demande.

» Rien de ce que nous devions avoir sous les yeux avant de prendre une résolution si importante, ne nous a échappé ; nous avons tout vu, tout sérieusement considéré. Lorsqu'au milieu de ces nombreuses considérations il se présentait diverses difficultés, dont quelques-unes tenaient notre esprit dans le doute et l'incertitude, nous reçumes de l'empereur, des réponses et des déclarations telles qu'après avoir tout examiné, elles nous ont entièrement persuadés de l'utilité de notre voyage pour le bien de la religion, seul but que nous nous proposons. Mais il est superflu de vous en entretenir plus long-tems, vous qui avez suivi tous les détails de cette négociation, vous dont j'ai demandé et pesé les avis avant de rien statuer sur une affaire si importante.

» Et pour ne pas omettre ce qui, sur-tout, est nécessaire dans les grandes délibérations; bien convaincus, d'après l'oracle de la divine sagesse, que les pensées des mortels sont faibles, et que leur prudence est incertaine, nous avons pris soin que des hommes recommandables par la pureté de leurs mœurs et par leur piété, dont les vœux s'élèvent comme un encens vers Dieu, adressassent des prières ferventes et continuelles au Père des lumières, pour qu'avec son secours, nous ne fissions que ce qui serait agréable à ses yeux, et ce qui doit servir au bien et à l'accroissement de l'église.

» Dieu nous en est témoin, Dieu devant qui nous avons épanché notre cœur en toute humilité, vers qui nous avons souvent élevé nos mains suppliantes dans son saint temple, pour qu'il écoutât la voix de nos prières, et qu'il fût notre soutien; il nous est témoin que notre seul but a été celui que nous devons nous proposer dans toutes les affaires, c'est-à-dire, sa plus grande gloire, l'avantage de la religion catholique, le salut des ames, et l'accomplissement des devoirs que nous impose la dignité dont, malgré notre peu de mérite, il nous a revêtu. Vous en êtes vous-mêmes témoins, nos vénérables frères, vous à qui nous avons voulu que tout fût connu, tout communiqué, à qui nous avons pleinement fait part de nos sentimens les plus intimes, pour être aidés de vos conseils. C'est pourquoi, après avoir ainsi terminé, avec le secours divin, une affaire de cette importance, pleins de confiance en Dieu notre sauveur, nous ne craignons pas d'entreprendre un voyage auquel nous avons été déterminés par de si graves motifs. Le père des miséricordes bénira nos pas, comme nous l'espérons, et rendra cette époque mémorable pour les intérêts de sa religion et de sa gloire.

» A l'exemple de nos prédécesseurs, et sur-tout du pape Pie VI, de vénérable mémoire, qui fit les mêmes dispositions avant de partir pour Vienne, nous vous annonçons, nos vénérables frères, que nous avons déjà tout disposé et ordonné, pour qu'en notre absence de Rome, où nous nous hâterons de revenir, ainsi que l'exige le gouvernement de toute l'église, et celui de nos domaines temporels, toutes les affaires continuent d'être suivies sous l'autorité des administrateurs du Saint-Siège nommés par nous. Ayant sans cesse devant les yeux la nécessité de mourir, imposée à tous les hommes, et ignorant l'heure de notre mort, nous avons aussi ordonné, en nous conformant à l'exemple de nos prédécesseurs, et à celui de Pie VI partant pour Vienne, que le conclave se tiendrait à Rome dans le cas, où, pendant notre voyage, il plairait à Dieu de nous retirer de ce monde. Enfin, nous vous demandons avec instance, nous vous conjurons de conserver pour notre personne les mêmes sentimens que vous nous avez constamment témoignés, et de nous recommander, en notre absence, d'une manière plus particulière, au Dieu Tout-Puissant, à notre Seigneur Jésus-Christ, à sa glorieuse mère la Vierge Marie et au bienheureux apôtre Saint-Pierre, afin que notre voyage soit accompagné de bénédictions et que l'issue en soit heureuse. Si nous obtenons cette faveur de l'auteur de tous biens, vous aurez une grande part à la joie commune, vous, nos vénérables frères, que nous avons appelés dans notre conseil, et nous nous réjouirons tous dans la miséricorde du Seigneur.

» Le 2 Novembre, le Saint Père est

parti de Rome, et a couché à Viterbe, le lendemain il a couché à Radicofani. Ce lieu étant déjà sur les terres d'Étrurie, sa Sainteté y a été reçue par le prince Corsini et d'autres personnes de marque qui étaient venus au-devant d'elle.

Le 4, sa Sainteté est arrivée à Sienne, le 5 à Florence, où elle a fait séjour le 6 ; le 7 à Saint-Marcelle ; le 8 à Paule ; le 9 à Parme ; le 10 à Plaisance, et le 11 à Alexandrie. Dès le 8, il était parti de Turin trente voitures envoyées au-devant de sa Sainteté. Le Mont-Cenis était déjà couvert de neige ; mais on avait pris toutes les précautions pour épargner à l'illustre voyageur la plus grande partie des inconvéniens de la saison. On avait établi huit chaises à porteurs, pour le passage de la montagne ; savoir une pour le Saint Père, garnie en velours rouge et galonnée en or ; cinq pour les cardinaux, et deux pour les princes. La suite de sa Sainteté a été portée dans les chaises dont on se sert communément pour ce passage. Les gardes du corps de sa Sainteté l'ont accompagnée jusqu'aux frontières de Toscane ; de-à, elle a été escortée par les gardes du corps de sa Majesté le roi d'Étrurie jusqu'aux frontières du royaume d'Italie. Un détachement de cavalerie française l'a ensuite accompagnée sur tout le territoire de l'empire français.

## CHAPITRE III.

*Le Souverain Pontife en France. — Mort du cardinal Borgia. — Arrivée du Saint-Père à Fontainebleau et à Paris. — Visites qui ont précédé le couronnement.*

~~~~~~~

Le 12 novembre, le souverain Pontife est arrivé à Turin à onze heures du soir, et est descendu au palais impérial. Le lendemain, à onze heures du matin, sa Sainteté, accompagnée de cinq cardinaux, de six évêques et d'un nombreux clergé, se rendit à la magnifique chapelle de la cathédrale, où l'on conserve le saint Suaire, et où elle entendit la messe et donna la bénédiction au peuple, qui s'était porté en foule dans l'église. Le Saint-Père se retira ensuite dans son appartement, où les évêques, chanoines, curés et autres personnes de tout rang

furent admis à lui baiser la main.
L'empressement que le peuple mit à
voir sa Sainteté, était si vif, que la
garde qui formait une haie aux portes
du palais, fut forcée, et le Pape se
vit au moment d'être confondu, et
même pressé dans la foule, sans qu'il
en soit résulté, néanmoins, aucun in-
convénient pour sa personne. Sa Sainteté ayant désiré voir le sain. Suaire,
l'urne qui le renferme fut apportée
dans son appartement, sous un dais
qu'accompagnaient tous les chanoines
en procession. Le Saint-Père, un ge-
nou en terre, adora et baisa cette
précieuse relique. A six heures du soir,
sa Sainteté accompagnée des cardinaux, se rendit à la cathédrale, où
elle fut reçue par l'archevêque et le
clergé. Le quatorze, sa Sainteté partit
de bonne heure pour continuer sa
route vers Paris.

Le 19 novembre, le Saint-Père est
arrivé à Lyon, à trois heures, au
milieu de toute la ville, qui était allée

au devant de lui. Le lendemain, sa Sainteté dit la messe à l'église métropolitaine; et ensuite se rendit dans une maison de la place Belcourt, où du haut du trône qu'on avait préparé à cet effet, sa Sainteté donna la bénédiction au peuple qui remplissait cette place immense. On a remarqué que frappé de voir des marques si sensibles d'un empressement respectueux à le voir, et des témoignages si évidens de religion, dans un pays où l'on a cherché pendant si longtems à propager la barbarie et l'irréligion, le Pape a élevé les yeux et les mains au ciel, en prononçant distinctement ces paroles : *Graces vous en soient rendues, ô mon Dieu!* La ville a été illuminée pendant les deux nuits que le Saint-Père a couché à Lyon, et on remarquait sur les hautes tours de Saint-Jean, deux croix de quinze pieds de haut, resplendissantes de lumière.

M. Salomon, ancien maire de Lyon,

a été présenté au Saint-Père, par le prince Alfieri, commandant de la garde noble. Sa Sainteté l'a accueilli avec distinction et lui a fait l'honneur de s'entretenir une demi-heure avec lui.

C'est dans cette ville que le Saint-Père a eu la douleur de perdre un des cardinaux qui l'accompagnaient dans son voyage, le cardinal *Borgia*, qui mourut le 23 novembre, à cinq heures et demie du soir. Il était parti de Rome avec sa Sainteté, en très-bonne santé, et il était arrivé jusqu'au Pont-de-Beauvoisin, sans paraître incommodé des fatigues du voyage. Là, il passa la nuit sans pouvoir dormir. Arrivé à Lyon, le lendemain, le cardinal se sentit très-oppressé. Il se mit au lit, au palais archiépiscopal, où son logement était préparé, et il y est resté malade jusqu'au jour de de son décès.

On expédia de suite un courrier extraordinaire au Saint-Père, pour lui annoncer ce triste événement, auquel il aura été d'autant plus sensible, qu'il chérissait particulièrement le cardinal Borgia.

Son Éminence a conservé, pendant sa maladie, la plus grande présence d'esprit, et a rempli ses devoirs religieux avec une résignation et une piété dignes des plus grands éloges. La veille de sa mort, elle a fait son testament. Son corps a été ouvert le samedi, et embaumé le même soir ; et pendant trois jours il est resté exposé aux regards des fidèles, sur un lit de parade, dans la chambre ardente de l'archevêché, vis-à-vis duquel il y a un autel, où l'on a célébré continuellement les saints mystères pour le repos de son ame : les fidèles s'y sont rendus en foule pour y assister.

Le mercredi, le corps de son éminense a été transporté avec pompe à l'église cathédrale, où il a été célébré, à dix heures du matin, un service solemnel. Le clergé de Lyon, les autorités civiles et militaires ont été invitées d'y assister. M. Bonnevie, chanoine de la cathédrale, a prononcé l'éloge funèbre de son Éminence.

» Étienne Borgia était né à Veletry, le 3 décembre 1731. Il fut élevé dans un des principaux collèges de Rome. Après avoir terminé ses premières études, il passa à l'académie ecclésiastique, où il fit un cours de jurisprudence et de diplomatie. Il fut chargé dans la suite du gouvernement de Bénévent, et le Saint-Siège n'eut qu'à se louer de sa sage administration.

» Pie VI, digne appréciateur des talens et du savoir, ne tarda pas à lui donner des preuves plus distinguées de sa confiance, en le nommant à l'emploi de secrétaire de la congregation *de Propagandâ fide*, emploi qui le mettait dans le cas d'exercer des fonctions extrêmement avantageuses à la religion et à la société.

» Dix-neuf années de sa vie ont été consacrées à l'exercice de cette place importante. Élevé à la pourpre romaine, il devint membre de différentes congrégations, et, dans toutes, il remplit la tâche qui lui fut départie, avec le même zèle et la même habileté ; mais c'est principalement à celle de la Propagation de la foi, qu'il consacra ses soins, ses ardentes veilles et une partie des revenus de sa fortune : ses études, ses recherches, les fouilles qu'il faisait faire, n'avaient d'autre but que ce grand œuvre d'humanité. Il ne comptait pour rien ses peines et les sommes considérables qu'il dépensait, pourvu qu'il en fût dédommagé par un heureux résultat.

» Devenu préfet de cet établissement, qui honorera à jamais les fastes du christianisme, en montrant à l'univers l'esprit qui le dirige, son zèle, ses fatigues, ses dépenses, rien ne fut épargné pour son plus grand avantage. Naturellement laborieux, il ne sortit jamais de son palais que par devoir ou par nécessité. On remarquait en lui l'affabilité, la bonté de l'ami de ses semblables; son savoir ne lui inspira jamais le moindre sentiment d'orgueil; et si, dans la discussion, il montrait de vastes connaissances, ce n'était que pour faire ressortir davantage celles des hommes de lettres dont il était entouré. Les étrangers, les savans, dont il faisait sa société ordinaire, etaient accueillis chez lui avec la plus grande bonté.

» Modeste dans ses discours avec les hommes à talens de tous les pays, de toutes les nations, il montrait encore plus de désir d'acquérir de nouvelles connaissances, que de plaisir à communiquer celles dont il était rempli.

» Le cardinal Borgia est mort en laissant tous ses biens à la Propagande, à l'exception de son mobilier et d'un très-beau muséum, qu'il a légué à sa famille. Il a emporté en mourant le regret de n'avoir pu mettre la dernière main à l'établissement des Missions-Étrangères de France, le principal objet de ses vœux dans son voyage de Paris. »

A son passage à Moulins, sa Sainteté a fait présent à M. le Général Lefebvre, commandant le département, de deux médailles, l'une en argent, l'autre en or, portant d'un côté l'effigie du Saint Père, et au revers, Saint-Pierre et Saint-Paul, avec cet exergue: *Fondamenta fidei.* Il en a aussi donné une en or à l'ecclésiastique qui, le matin, a dit la messe d'avant son départ, l'aumonier de sa Sainteté étant trop fatigué pour la dire lui-même.

Le 23 novembre, le Saint-Père arriva à Cône entre cinq et six heures du soir. Il fut reçu au son des cloches et au bruit de l'artillerie, par l'évêque d'Autun, à la tête de tout son clergé. Sa Sainteté soupa seule, et son souper fut très-frugal.

Au dessert, M. le Président du tribunal civil lui présenta un couvert, sur lequel sa Sainteté voyant un Christ gravé, s'écria: *Ah !*

*un Christ!* Et puis le baisa à plusieurs reprises. Le même magistrat ayant obtenu la permission de lui présenter son épouse, sa Sainteté eut l'extrême bonté de lui donner un chapelet magnifique et une médaille d'or représentant d'un côté la figure du Saint-Père, et de l'autre Saint-Pierre et Saint-Paul.

Le Dimanche 25 novembre, sa Sainteté est arrivée à Nemours. Le pont a été ouvert pour son passage. Le Préfet du département lui a adressé un discours dont voici quelques phrases :

« Trés-Saint-Père, une pompe religieuse va bientôt appeler les bénédictions du ciel sur l'illustre empereur des Français. Il était digne du chef de l'église de vouloir contribuer par sa présence, à rendre cette solemnité plus auguste : sa démarche touchera sans doute la miséricorde du Très-Haut, et doit attirer sur nous les bienfaits de sa providence. Que votre Sainteté daigne croire à la reconnaissance d'un grand peuple qui lui devra son bonheur...... ».

On a recueilli de la réponse du Saint-Père, la phrase qui suit : « C'est une bien vive satisfaction pour moi que de n'être pas étranger au couronnement de votre auguste empereur. » Sa Sainteté, après un leger déjeûner, est partie pour Fontainebleau, où elle est arrivée à midi et demi.

L'empereur qui était sorti à cheval pour chasser, ayant été averti de l'approche du Saint-Père, a été au-devant de lui.

L'empereur et le Pape ont mis pied à terre à-la-fois ; ils ont été l'un au-devant de l'autre et se sont embrassés. Six voitures de sa majesté se sont alors approchées ; l'empereur est monté le premier en voiture pour placer le Pape à sa droite ; et ils sont arrivés au château au milieu d'une haie de troupes et au bruit des salves d'artillerie.

Monseigneur le cardinal Caprara et les grands officiers de la maison de l'empereur les ont reçus au bas du perron. L'empereur et le Pape sont
allés

allés ensemble par l'escalier doré, jusqu'à la pièce qui sépare leurs appartemens. Là, le pape ayant quitté l'empereur, a été conduit par le grand chambellan, le grand maréchal du palais et le grand maître des cérémonies, dans l'appartement qui était préparé pour lui. Après s'être reposé quelques tems, il est venu faire visite à l'empereur, et a été conduit dans son cabinet par les grands officiers de sa majesté l'empereur. Sa majesté a reconduit le Pape jusque dans la salle des grands officiers. Sa Sainteté est allée immédiatement chez l'impératrice, la dame d'honneur qui avait été au-devant de sa Sainteté, l'a introduite dans le cabinet de l'impératrice; sa majesté a reconduit le Pape jusqu'à la seconde pièce de son appartement.

Le Pape étant rentré dans le sien, les ministres et les grands officiers de l'empire, ont eu l'honneur de lui être présentés.

A quatre heures, l'empereur a fait prévenir le Pape qu'il allait lui rendre visite, et s'est rendu dans le cabinet de sa Sainteté, précédé par les grands officiers de sa maison. Les choses se sont passées de la même manière que pour la visite du Pape à l'empereur. A chacune de ces visites, le Pape et l'empereur sont restés seuls ensemble pendant plus d'une demi-heure.

Le prince Louis qui se trouvait à Fontainebleau a également fait sa visite à sa Sainteté. L'empereur a présenté au Pape l'archi-chancelier et l'archi-trésorier.

Le cardinal Fesch, arrivé avec le Pape, a été présenté le même jour à l'empereur.

Le Saint-Père a diné avec leurs majestés impériales.

Les ministres de la guerre, des cultes, de la police générale, le secrétaire d'état, ainsi que les grands officiers de la couronne ont été présentés à sa Sainteté.

Le lendemain 26, le prince Joseph arrivé à Fontainebleau, est allé faire sa visite au Saint-Père. M. le prince de Borghèse a fait sa visite le même jour. Ont été également présentés, le grand-juge, les ministres de l'intérieur, des finances, du trésor public et de l'administration de la guerre; les conseillers d'état, présidens de sections, Bigot-de-Préameneu, Defermont, Lacué et Fleurieu, et le conseiller d'état Crétet; les maréchaux de l'empire, Augereau, Moncey, Massena, Lefebvre, Soult, Ney, Davoust, Lannes, Bessières, et les colonels généraux Junot et Baraguey-d'hilliers.

L'empereur est allé chez le Saint-Père, le même jour. A ces différentes visites, le Pape et l'empereur se sont entretenus ensemble durant un long espace de tems.

Le Saint-Père est parti de Fontainebleau le 28 novembre, à deux heures après midi, avec l'empereur et dans la voiture de sa majesté. Ils sont arrivés à Paris à huit heures du soir. Sa Sainteté a occupé, dans le château des Tuileries, le pavillon de Flore, qui lui était préparé depuis long-tems.

Le lendemain, le Saint-Père a passé tout le jour dans son appartement, pour se reposer des fatigues du long voyage qu'il venait de terminer.

Chacune des journées de sa Sainteté était distribuée d'une manière uniforme et constante. Elle se levait avant le jour et demeurait jusqu'à dix heures en prières et en méditations. Ce n'était qu'à cette heure que les officiers de sa maison entraient dans son intérieur.

On avait disposé dans une des pièces de son appartement, une chapelle où sa Sainteté disait la messe, lorsqu'elle n'allait pas la célébrer dans une des églises de Paris.

M. de Viry, chambellan de l'empereur, M. de Luçay, premier préfet du palais, et M. Durosnel, écuyer cavalcadour, faisaient auprès du papa le service de chambellan, de préfet et d'écuyer.

Le 30 novembre, le président, les questeurs et douze membres du corps législatif ont été présentés à sa Sainteté; M. Fontanes, président du corps législatif, a porté la parole en ces termes :

Très-Saint-Père, « quand le vainqueur de Marengo conçut au milieu du champ de bataille le dessein de rétablir l'unité religieuse, et de rendre aux Français leur culte antique, il préserva d'une ruine entière les principes de la civilisation. Cette grande pensée, survenue dans un jour de victoire, enfanta le concordat ; et le corps législatif, dont j'ai l'honneur d'être l'organe auprès de votre Sainteté, convertit le concordat en loi nationale.

» Jour mémorable, également cher à la sagesse de l'homme d'état et à la foi du chrétien ! c'est alors que la France abjurant de trop grandes erreurs, donna les plus utiles leçons au genre humain ; elle sembla reconnaître devant lui que toutes les pensées irréligieuses sont des pensées impolitiques, et que tout attentat contre le christianisme est un attentat contre la société.

» Le retour de l'ancien culte prépara bientôt celui d'un gouvernement plus naturel aux grands états, et plus conforme aux habitudes de la France. Tout le système social ébranlé par les opinions inconstantes de l'homme, s'appuya de nouveau sur une doctrine immuable comme Dieu même. C'est la religion qui policait autrefois les sociétés sauvages ; mais il était plus difficile aujourd'hui de réparer leurs ruines que de fonder leur berceau.

» Nous devons ce bienfait à un double prodige. La France a vu naître un de ces hommes extraordinaires qui sont envoyés de loin en loin au secours des empires qui sont prêts à tomber ; tandis que Rome en même tems a vu briller sur le trône de saint Pierre toutes les vertus apostoliques du premier âge.

» Leur douce autorité se fait sentir à tous les cœurs. Des hommages universels doivent suivre un Pontife aussi sage que pieux, qui sait à la fois tout ce qu'il faut laisser au cours des affaires humaines, et tout ce qu'exigent les intérêts de la religion.

» Cette religion auguste vient consacrer avec lui les nouvelles destinées de l'empire français, et prend le même appareil qu'au siècle des Clovis et des Pépin.

» Tout a changé autour d'elle; seule elle n'a point changé.

» Elle voit finir les familles des rois comme celles des sujets; mais sur les débris des trônes qui s'écroulent, et sur les degrés des trônes qui s'élévent, elle admire toujours la manifestation successive des desseins éternels, et leur obéit avec confiance.

» Jamais l'univers n'eut un plus

imposant spectacle ; jamais les peuples n'ont reçu de plus grandes instructions.

» Ce n'est plus le tems où le sacerdoce et l'empire étaient rivaux : tous les deux se donnent la main pour repousser les doctrines funestes qui ont menacé l'Europe d'une subversion totale. Puissent-elles céder pour jamais à la double influence de la religion et de la politique réunies ! ce vœu, sans doute, ne sera pas trompé ; jamais en France la politique n'eut tant de génie ; et jamais le trône pontifical n'offrit au monde chrétien un modèle plus respectable et plus touchant. »

Le même jour, une députation de vingt-cinq membres du sénat a été présentée à sa Sainteté.

M. François ( de Neuf-Chateau ), président, a adressé au Saint-Père le discours suivant.

« Très-Saint-Père, le sacre des princes chrétiens a commencé en France, à l'imitation de l'usage suivi jadis chez les Hébreux. Dans l'ancienne loi, cette cérémonie fut d'institution divine. Sous la nouvelle loi, elle n'est pas précisément une obligation des princes; mais les Français y ont toujours attaché beaucoup d'importance; ils ont toujours aimé que leurs simples actes civils fussent sanctionnés par la religion, pour ajouter encore au frein public des lois, le frein secret des consciences. A plus forte raison, doivent-ils désirer que leurs grands contrats politiques soient revêtus avec pompe de cette garantie qui grave dans le ciel ce qui est écrit sur la terre. Dans cette époque remarquable où votre Sainteté a bien voulu venir sacrer elle-même le chef de leur nouvelle dynastie, cette démarche leur rendra plus vénérable encore la majesté impériale, comme elle leur rendra plus chère l'autorité religieuse du souverain Pontife. La France méritait sans doute cette faveur particulière ; son église est la fille aînée de l'église romaine. Il ne s'agit plus des nuages qui ont pu obscurcir les beaux jours de leur union. Cette union sera plus forte, et ces beaux jours seront plus sereins que jamais. NAPOLÉON, par sa sagesse, répare toutes nos ruines, et PIE VII répond à ses vœux par l'inspiration de ce Dieu dont il est l'organe. Intelligence précieuse du trône et de l'autel, qui a rapproché les rivages de la Seine et du Tibre, et à laquelle on doit le bonheur de voir à Paris le Père commun des fidèles ! Quelle réunion de circonstances imposantes, et combien de plaies sont fermées !

» Votre Sainteté aura eu la double satisfaction, comme la double gloire, de rattacher d'abord, par un concordat équitable, l'église gallicane, une des premières du monde, et le Saint-Siège Apostolique, centre de l'unité chrétienne ; et de marquer ensuite l'ouverture des nouveaux siècles qui se préparent pour la France, en venant apposer le sceau même de l'Éternel à la fois des sermens intervenus entre un grand peuple et l'empereur qu'il s'est choisi dans un de ces héros, que le ciel a créé supérieur aux autres hommes, et qui semble exprès parmi nous député par la providence, pour l'exécution de ses desseins les plus augustes. »

Le même jour, les membres du conseil d'état ont été présentés au Saint-Père. M. Regnault (de Saint-Jean d'Angely) président de la section de l'Intérieur, a porté la parole en leur nom.

## CHAPITRE IV.

*Cérémonie du Sacre de leurs Majestés Impériales par le Souverain Pontife. - Chapelle pontificale à Rome.*

CETTE auguste cérémonie, qui fera une grande époque dans notre histoire, eut lieu le dimanche, 2 novembre 1804. Nous en rapporterons avec plus de détails ce qui concerne plus particulièrement le Saint-Père.

Voici d'abord le cérémonial qui a été observé pour la réception de sa Sainteté dans l'église de Notre-Dame.

Sa Sainteté est descendue de sa voiture dans la grande cour de l'archevêché. Le cardinal archevêque de Paris s'est trouvé au bas du grand escalier, revêtu des habits cardinalitiaux, c'està-dire de la soutane, du rochet, du manteau et de la mosette, pour recevoir le souverain Pontife, et le conduire dans la grande salle de l'archevêché.

Les cardinaux archevêques et évêques français étaient réunis dans cette même salle, revêtus de leurs ornemens pontificaux, savoir ; les cardinaux, de l'amict, du rochet et d'une chasuble, sans étole et sans manipule, avec leur mitre blanche, à l'exception du cardinal évêque assistant, qui était seul en chape, les archevêques et évêques portaient le rochet, la chape et la mitre blanche.

Tous les autres ecclésiastiques qui devaient servir à la cérémonie étaient également dans cette salle, revêtus des ornemens convenables aux fonctions qu'ils devaient exercer.

Quatre tables étaient dressées dans cette même salle.

La première, plus grande que les autres et revêtue d'un tapis qui descendait jusqu'à terre, a servi à déposer les ornemens de sa Sainteté, ses deux mitres et sa tiare.

Sur une seconde table, à peu de distance de la première, étaient placés les ornemens du cardinal diacre et du prélat sous-diacre.

Sur une troisième, étaient déposés les ornemens du diacre et du sous-diacre grecs.

Enfin la quatrième recevait les sept chandeliers qui devaient servir aux sept acolytes.

On avait préparé en outre des banquettes revêtues de tapis pour les cardinaux, archevêques et évêques.

Pendant que sa Sainteté reçut les ornemens des mains des prélats qui l'entouraient, le cardinal archevêque de Paris, revêtu de la chape cardinalitiale, se rendit dans son église pour recevoir sa Sainteté et le clergé de France, à la tête de son chapitre.

Sa Sainteté s'étant revêtue de ses ornemens, se rendit à l'église ; elle fut précédée de sa croix, portée par un sous-diacre apostolique, revêtu d'une tunique. Deux chapelains secrets du pape portaient ses deux mitres et marchaient devant la croix ; le thuriféraire portait devant la croix l'encensoir et la navette.

Sept acolytes portaient des chandeliers avec leurs cierges à côté de la croix ; quatre étaient à droite et trois à gauche.

Le sous-diacre latin marchait après les acolytes ; il se plaça au milieu du diacre et du sous-diacre grecs.

Après lui, vinrent sur deux lignes, dans l'ordre de leur institution canonique, et la mitre sur la tête, d'abord les évêques, ensuite les archevêques, puis les cardinaux, vêtus ainsi qu'il a été dit ci-dessus.

Sa Sainteté fermait la marche ; elle était revêtue d'une chape, la tiare sur la tête, et placée au milieu des deux cardinaux diacres assistans, qui soutenaient de chaque côté les bords de sa chape. Devant elle marchaient le cardinal évêque assistant, en chape, et le cardinal diacre de l'évangile, en dalmatique.

Une garde d'honneur l'entourait, et lui rendait les honneurs convenables. Dès que la procession fut arrivée à la porte de l'église, le clergé entra, et alla sans s'arrêter, prendre les places qui lui étaient destinées.

Le cardinal archevêque de Paris présenta l'aspersoir au souverain-Pontife, qui fit une aspersion sur le clergé et sur le peuple ; sa Sainteté passa ensuite au milieu du chapitre rangé sur deux lignes, et se rendit au sanctuaire, conduite sous un dais qui était porté par les chanoines, ou par les indults qui servaient à l'autel. On chanta pendant l'entrée de sa Sainteté dans l'église, l'antienne *Tu es Petrus*. Cette antienne s'est répétée jusqu'à ce que sa Sainteté ait terminé sa prière au pied de l'autel.

Le chapitre ne rentra dans le chœur que lorsque sa Sainteté fut rendue à son trône.

## Des cérémonies du sacre et du couronnement.

Le Pape était parti des Tuileries à neuf heures du matin ; l'empereur en sortit à dix.

Une salve d'artillerie annonça le départ de sa majesté du palais des Tuileries, et une seconde à son arrivée à l'archevêché.

Deux heures avant son arrivée dans l'église, tous les corps et fonctionnaires désignés pour assister à la cérémonie, s'étaient rendus à l'église et occupaient les places qui leur avaient été indiquées par les maitres et aides des cérémonies.

Pendant que l'empereur se revêtit à l'archevêché, de ses habits et ornemens impériaux, sa Sainteté fit les prières accoutumées et dit les tierces.

Les officiers civils des princes et des princesses, celles des dames du palais et des dames attachées aux princesses, qui ne devaient pas les suivre dans la nef, se rendirent de l'archevêché à l'église de Notre-Dame, et occupèrent les tribunes qui leur étaient destinées.

Lorsque l'empereur fut revêtu de ses ornemens impériaux, et qu'il fut arrivé au portail de l'église, il fut reçu par les cardinaux, archevêques, et évêques français, précédés du maître des cérémonies ecclésiastiques et de ses adjoints.

L'empereur se rendit de l'archevêché à l'église, de la manière suivante: les huissiers sur quatre de front. — Les hérauts d'armes, sur deux de front. — Le chef des hérauts d'armes. — Les pages. — Les aides des cérémonies. — Les maîtres des cérémonies. — Le grand maître des cérémonies. — Le maréchal Serrurier, portant sur un coussin l'anneau de l'impératrice. — Le maréchal Moncey, portant la corbeille où devait être déposé le manteau de l'impératrice. — Le maréchal Murat, portant sur un coussin la couronne de l'impératrice ; chacun de ces trois grands officiers avait à ses côtés un chambellan ou un écuyer de l'impératrice. Ils marchèrent tous en observant une distance de dix pas.

L'impératrice s'avança ensuite avec le manteau impérial, mais sans anneau et sans couronne. Elle fut suivie des princesses soutenant son manteau ; elle avait à ses côtés son premier écuyer et son premier chambellan. Le manteau des princesses était soutenu par un officier de leurs maisons. L'ordre continuait ainsi.

La dame d'honneur et la dame d'atours de l'impératrice.—Le maréchal Kellermann, portant la couronne de Charlemagne. — Le maréchal Perignon, portant le sceptre de Charlemagne.—Le maréchal Lefevre, l'épée de Charlemagne. — Le maréchal Bernadote, le collier de l'empereur.—Le colonel-général Beauharnais, l'anneau de sa majesté. — Le général Berthier, le globe impérial.—Le grand chambellan, portant la corbeille dans laquelle devaient être déposé le manteau de l'empereur. Ces grands officiers avaient à leur droite et à leur gauche un chambellan ou un aide de camp de sa majesté.

L'empereur revêtu du manteau impérial, la couronne sur la tête, tenant dans ses mains le sceptre et la main de justice.

Les princes et les dignitaires soutenant le manteau de l'empereur.—Le grand écuyer, le colonel-général de la garde de service, le grand maréchal, marchant de front. Les ministres et les grands officiers militaires sur quatre de front.

Lorsque leurs majestés impériales furent arrivées au portail de la cathédrale, le cardinal archevêque de Paris présenta l'eau benite à l'empereur; un autre cardinal la présenta à l'impératrice: leurs majestés s'avancèrent sous un dais porté par des chanoines. L'empereur et l'impératrice allèrent se placer dans le sanctuaire sur les fauteuils qui étaient préparés, l'impératrice à la gauche de l'empereur, sous le dais.

Au moment où leurs majestés entrèrent dans le chœur, le Pape descendit de son trône, alla à l'autel, et commença le *Veni Creator*. Tandis que l'on chanta cet hymne, l'empereur et l'impératrice firent leur prière, et se levèrent ensuite. Alors l'archi-chancelier de l'empire s'approcha de l'empereur qui lui remit la main de justice. L'archi-trésorier reçut le sceptre ; le grand électeur ôta la couronne ; le grand chambellan ôta le collier. Le grand chambellan, le grand écuyer et deux chambellans détachèrent le manteau. L'empeur tira son épée et la remit au connétable. Le grand officier qui devait porter l'anneau, alla le recevoir des mains du grand chambellan.

Pendant ce tems, la dame d'atours ôta la couronne de l'impératrice et la donna au grand officier. La dame d'honneur, la dame d'atours et l'officier chargé de la corbeille destinée à recevoir le manteau de l'impératrice, le détachèrent et le ployèrent dans la corbeille. Le grand officier chargé de porter l'anneau, le reçut des mains de la dame d'honneur.

Les grands dignitaires et les grands officiers allèrent successivement déposer sur l'autel les ornemens impériaux. Les grands officiers qui portaient le globe impérial et les ornemens de Charlemagne, restèrent toujours à leurs places.

Le souverain Pontife, après avoir achevé le *Veni Creator*, s'approcha de l'empereur ; et tandis que le grand aumônier présenta à sa majesté le livre des évangiles, il lui demanda *profiteris ne*, etc. L'empereur portant les deux mains sur l'évangile, répondit : *profiteor*.

On chanta les prières, pendant lesquelles leurs majestés restèrent sur le petit trône. Seulement, elles se mirent à genoux en s'inclinant, pendant que sa Sainteté récita les trois versets : *Ut hunc famulum tuum*, etc.

## Sacre.

Le grand aumônier de France, le premier des cardinaux français archevêques, le plus ancien archevêque, et le plus ancien évêque français se rendirent auprès de leurs majestés, leur firent une inclination profonde, et les conduisirent au pied de l'autel pour y revoir l'onction sacrée; personne ne les suivit dans cette marche.

Leurs majestés se mirent à genoux aux pieds de l'autel sur des carreaux.

Sa Sainteté fit à l'empereur et à l'impératrice une triple onction, l'une sur la tête, les deux autres aux deux mains.

Après cette cérémonie, leurs majestés furent reconduites sur leur petit trône par les mêmes cardinaux, archevêques évêques qui les avaient été chercher.

Les onctions de l'empereur furent essuyées sur le petit trône par le grand chambellan, qui remit au grand aumônier le linge dont il s'était servi; la dame d'honneur qui essuya les onctions de l'impératrice, remit de même au premier aumônier de sa majesté le linge qui avait essuyé cette onction.

Pendant ce tems, sa Sainteté commença la messe et la continua jusqu'au graduel inclusivement.

## *Couronnement.*

Au graduel, sa Sainteté benit les couronnes de l'empereur et de l'impératrice, l'épée, les manteaux et les anneaux; et prononça les prières qui accompagnent les bénédictions. Pendant cette cérémonie, leurs majestés restèrent assises sur leur petit trône.

Les bénédictions étant faites, leurs majestés se rendirent de nouveau au pied de l'autel, conduites par les mêmes cardinaux, archevêques et évêques qui les avaient accompagnées aux onctions : l'archi-chancelier, l'archi-trésorier

sorier, le grand-chambellan, le grand écuyer, et deux chambellans suivirent l'empereur à l'autel, et se placèrent derrière lui; la dame d'honneur et la dame d'atours suivirent l'impératrice à l'autel et se placèrent derrière elle; toutes les autres personnes du cortège restèrent à leurs places.

La tradition des ornemens de l'empereur se fit dans l'ordre suivant: l'anneau, l'épée, le manteau, la main de justice, le sceptre, la couronne.

Le Saint-Père fit successivement la prière à chacun de ces ornemens.

La tradition des ornemens de l'impératrice eut lieu dans l'ordre suivant:

L'anneau, le manteau, la couronne. Le Saint-Père prononça la prière analogue à chacun.

L'impératrice reçut à genoux la couronne que l'empereur plaça sur sa tête.

Le Saint-Père, assisté de ses cardinaux, conduisit solemnellement l'empeur et l'impératrice au grand trône, au fond de l'église.

Lorsque sa Sainteté y fut montée, que l'empereur fut assis, et que chacun eut pris sa place à droite et à gauche autour de sa majesté, le Saint-Père dit la prière: *In hoc imperii solio*, etc.

Après avoir prononcé ces paroles, sa Sainteté baisa l'empereur sur la joue, et se tournant vers les assistans, dit à haute voix: *vivat imperator in æternum!* Les assistans dirent: *vivent l'empereur et l'impératrice!*

Sa Sainteté retourna ensuite à son trône, avec son cortège, et précédée des huissiers, des hérauts d'armes, des maîtres et aides des cérémonies. Les pages allèrent aussi-tôt se placer sur les marches du trône impérial. Les places autour du trône étaient ainsi disposées. L'empereur sur le trône; un dégré plus bas à sa droite, sur un fauteuil, l'impératrice; un dégré plus bas, à droite de l'impératrice, les princesses, sur des chaises; derrière elles, la dame d'honneur et la dame d'atours; à gauche de l'empereur, et deux dégrés plus bas, les deux princes et les deux dignitaires placés à leur gauche. Derrière l'empereur, le colonel-général de la garde, le grand maréchal du palais, les quatre grands officiers portant les honneurs de l'empereur, les trois grands officiers portant les honneurs de Charlemagne, derrière les grands officiers, les officiers civils de l'empereur et des princes, tous debout. Le pape entonna le *Te Deum*, après lequel il continua la messe.

A la fin de l'évangile, le grand-maître des cérémonies présenta le livre des évangiles à leurs majestés.

A l'offertoire, l'empereur et l'impératrice descendirent de leurs trônes, précédés et accompagnés de leur cortège et de cinq officiers qui portaient, le premier et le second, chacun un cierge où furent incrustées treize pièces d'or ; le troisième, le pain d'argent ; le quatrième le pain d'or ; le cinquième, un vase.

Leurs majestés arrivées dans le sancuaire, la couronne sur la tête, prirent es offrandes des mains de ceux qui les portaient, et les présentèrent au souverain Pontife, dans l'ordre observé par aller à l'offrande.

A l'*Agnus Dei*, le grand aumonier alla recevoir le baiser de paix de sa Sainteté, *cum instrumento pacis*, et le porta à leurs majestés impériales.

Lorsque la messe fut finie, le grand aumonier présenta à l'empereur, le livre des évangiles, et alors le président du sénat, accompagné des présidens du corps-législatif et du tribunat, apporta à sa majesté la formule du serment constitutionnel. L'empereur assis, la couronne sur la tête et la main levée sur l'évangile, prononça le serment. Le chef des hérauts d'armes dit ensuite, d'une voix forte et élevée : *Le très-glorieux et très - auguste empereur des français est couronné et intronisé. Vive l'empereur !* Les assistans répèterent le cri de *vive l'empereur*, en y ajoutant celui de *vive l'impératrice !* Une décharge d'artillerie annonça le couronnement et l'intronisation de leurs majestés. Le secrétaire-d'état dressa le procès-verbal de la prestation du serment de l'empereur. L'archi-chancelier le présenta à la signature de l'empereur. Il fut ensuite signé par les princes et les grands dignitaires, par les ministres, les grands officiers et les présidens du sénat, du corps-législatif et du tribunat. (les autres assistans signèrent chez le secrétaire-d'état aux jours qui leur furent indiqués.) Après cette dernière formalité, l'empereur et l'impératrice descendirent du trône et furent reconduits sous le dais jusqu'à l'archevêché.

Lorsque leurs majestés furent rendues à l'archevêché, le pape y fut aussi reconduit sous le dais par le clergé dans le même ordre qu'il était venu.

*Chapelle pontificale à Rome.*

Après la description de l'imposante cérémonie du sacre et du couronnement de leurs majestés impériales à Paris, nous croyons qu'on lira avec intérêt celle de ce qui s'observe, lorsque le Saint-Père officie pontificalement à Saint-Pierre de Rome. C'est par là que l'on peut juger de la magnificence de sa cour et du culte romain. Il sort de son palais, précédé d'un détachement de la garde suisse, armé de pied en cape, et le casque en tête, d'un détachement de chvaux légers en bottines, et le pistolet à la main ; des domestiques de livrée, des maîtres de chambre, des gentilshommes de la suite, des cardinaux, des portiers du pape en simarre rouge et le capuchon bordé d'hermine. Le plus jeune des auditeurs de rote porte la croix, suivi de toute la prélature, composée des gouverneurs des villes de l'état de Rome, des évêques assistans du trône, des généraux d'ordre, des quatre conservateurs et des princes romains. Le pape en chape, la mitre sur la tête, assis dans un fauteuil placé sur un brancard, est porté sur les épaules de quatorze valets de chambre vêtus comme les portiers. On porte à côté de lui deux grands éventails de plumes d'autruche blanches; huit gentils-hommes ordinaires soutiennent le dais qui couvre le brancard. Les camériers secrets et ordinaires et le reste de la garde suisse terminent la marche.

Ce cortège arrive à Saint-Pierre : à quelques pas de l'autel, on descend le pape qui va se placer sur son trône dressé à gauche : le sacré collège, en habits d'évêques ou de diacres, les prélats en camail, et les généraux d'ordre se placent dans une enceinte de bancs à dos et tapissés. Les princes assistans sont sur les degrès du trône; les auditeurs, les protonotaires, et le maître du sacré palais sont sur le degré inférieur.

Au pied de l'autel est une crédence sur laquelle sont déposés les calices, l'aiguière, les burettes, plusieurs bassins, le tout en or. A côté de la crédence, sont les conservateurs en robe de moire d'or, brodée de velours cramoisi.

Le pape commence la messe sur son trône; elle est chantée en plein chant grégorien, sans orgue, ni musique. L'épitre et l'évangile sont chantés dans les deux langues grecque et latine. Le pape descend de son trône à l'offertoire; il reste à l'autel jusqu'à l'*Agnus Dei*. Alors il remonte sur son trône, fait les prières qui précèdent la communion, et on la lui apporte. Il partage l'hostie en deux, en consomme la moitié, et donne l'autre au diacre et au sous-diacre, qui sont cardinaux l'un et l'autre. Il prend une partie du précieux sang avec un chalumeau d'or, et le diacre reporte le calice sur l'autel, où il consomme le reste avec le sous-diacre. Après la messe, on porte le pape avec le même cortège qu'il est venu, à la grande tribune placée au-dessus du vestibule de Saint-Pierre; et là, il donne la bénédiction apostolique à la ville et à l'univers, *urbi et orbi*....... Cette cérémonie est si imposante, que le fameux Walpole, qui en fut un jour témoin, a dit qu'il avait été catholique pendant tout le tems qu'elle dura. L'arrivée du Saint-Père est toujours annoncée par des fanfares, et sa bénédiction par le canon du château Saint-Ange.

# CHAPITRE V.

*Fonctions pieuses du Souverain Pontife à Paris.—Ses communications avec le clergé.*

Le 4 décembre, le chapitre de l'église de Notre-Dame de Paris, MM. les curés et beaucoup d'autres ecclésiastiques accompagnés de monseigneur le cardinal archevêque, ont été admis à rendre leurs hommages au Saint-Père et à lui baiser les pieds. Après la présentation de divers membres du chapitre, monseigneur le cardinal-archevêque à remercié sa Sainteté, l'a félicitée sur son arrivée dans la capitale de la France pour une cérémonie aussi auguste que celle qui l'y avait appelée, et s'est félicité lui-même de ce que la providence avait prolongé sa vie assez long-tems pour être témoin d'un si grand événement et voir sa vieillesse honorée et consolée par la présence du chef de l'église. Après un siècle presque d'existence, a-t-il dit, « Quel bonheur, quelle joie pour moi, de pouvoir présenter au souverain Pontife l'hommage de mon profond respect et d'un dévouement sans bornes! »

C'est un spectacle assez rare, assez beau, qu'un orateur presque centenaire haranguant avec une présence d'esprit admirable, avec grace, avec ce que présente de charmes une éloquence douce, le chef de la religion, venu de trois cents lieues pour en raffermir les bases, pour resserrer les liens de la paix, pour tranquilliser les consciences, pour remplir, à l'égard d'une nation égarée pendant quelque tems, tous les devoirs attachés à sa qualité de père commun. Rien, au reste, de plus affable dans son maintien, de plus affectueux dans ses manières, de plus simple et de plus modeste dans son vêtement que ce souverain, ce pontife suprême.

Le 23 décembre, sa Sainteté a visité l'église de Saint-Sulpice, et y a dit une messe basse, assistée de ses prélats, et a donné sa bénédiction pontificale, après laquelle deux ecclésiastiques ont proclamé, l'un en latin, l'autre en français, les indulgences attachées à cette bénédiction.

Le Saint-Père revenu au bas de l'autel s'est mis à genoux sur un prie-Dieu, et a assisté à une messe qui a été célébrée pendant son action de graces. M. le sénateur de Viry, chambellan de sa majesté impériale, remplissant les mêmes fonctions auprès de sa Sainteté, et M. le prince Braschi, neveu de Pie VI, commandant de la garde noble du Pape, étaient près de sa Sainteté.

A onze heures un quart, sa Sainteté a été conduite à une chapelle qui est auprès de l'église, et y a admis à lui baiser les pieds, le clergé, les administrateurs de la paroisse et des membres de différentes autorités civiles et mi-

litaires. Ce même hommage de respect filial lui a aussi été rendu par un grand nombre de jeunes gens, parmi lesquels on en remarquait plusieurs distingués par leurs talens dans les différentes branches des sciences et des arts, et quelques-uns par des noms qui décorent notre histoire. L'un d'eux, M. Maximilien Seguier, prononça à genoux un discours latin, dont sa Sainteté parut vivement satisfaite, et auquel elle a daigné répondre dans la même langue, à peu près en ces termes :
« Rien ne m'a été plus agréable que
» ces sentimens de religion exprimés
» par des jeunes gens. Je prie Dieu
» qu'il les conserve dans vos cœurs,
» qu'il vous y fasse trouver votre fé-
» licité dès cette vie, et qu'il vous
» en récompense par la couronne d'im-
» mortalité ».

A midi trois-quarts, le Saint-Père est sorti de l'église : la foule immense qui la remplissait a reçu de nouveau ses bénédictions avec les marques les plus sensibles de piété et de vénération : la joie de voir le père commun des fidèles était peinte sur tous les visages. Lorsqu'il a paru au haut des degrés, le peuple qui remplissait aussi la grande place qui est devant l'église, a fait retentir les airs des cris de *vive le Saint-Père*.

Sa Sainteté a été un moment à la galerie du Luxembourg : elle a été ensuite visiter la principale maison des filles de Saint-Vincent de Paul. M. Brunet, vicaire général de la Maison, l'a reçue à la porte de l'église. Le Saint-Père, après avoir encensé le Saint-Sacrement et fait sa prière, est monté dans une des salles de la maison, où la supérieure générale lui a présenté le sœurs de la charité des diverses paroisses de Paris et des villes voisines, ainsi que ses novices. Les sœurs hospitalières de Saint-Thomas, dont le rétablissement est aussi un des bienfaits de sa majesté impériale, ont reçu en même tems la bénédiction du Saint-Père.

Sa Sainteté a fait ces visites *In privato*.

Le 25 décembre, fête de Noël, le Saint-Père a officié à Notre-Dame. Il y est arrivé à dix heures et demie avec un nombreux cortège, et des carosses de suite. Sa Sainteté a été reçue au grand portail, sous le dais, par M. le cardinal archevêque, plusieurs évêques, et le chapitre de la cathédrale.

Après avoir célébré les saints mystères, elle est montée sur son trône, et a donné solemnellement la bénédiction apostolique.

L'église avait encore les magnifiques décorations du jour du sacre ; les tribunes, les galeries et la nef étaient garnies d'un peuple immense, sans néanmoins que de cette nombreuse multitude, il résultât aucun désordre et rien qui ne répondit à la majesté du lieu, au respect dû au sanctuaire et au chef de la religion.

Après la messe, le St-Père est passé dans les appartemens de l'archevêché.

On lui a présenté sur un plat de vermeil, un léger déjeûner. A la suite, il a bien voulu admettre à lui baiser les pieds, le concours nombreux de fidèles, qui s'étaient empressés de le suivre, et qui remplissaient les vastes salles du palais archiépiscopal. Un grand nombre de dames, d'hommes de toutes les conditions, une réunion pieuse de jeunes filles vêtues de blanc, et précédées de leurs bannières, des enfans même venaient tomber aux pieds de sa Sainteté et lui offrir leur hommage religieux. On l'a vu accueillir ces enfans avec des caresses particulières et le sourire d'un bon père.

Pendant cette touchante cérémonie; un artiste est venu faire à sa Sainteté l'hommage de son talent, et l'a suppliée de lui permettre de l'employer à consacrer un événement aussi mémorable que le voyage de sa Sainteté en France. Le docteur Le Preux a aussi harangué le Saint-Père, et sollicité la faveur de le voir à l'Hôtel-Dieu, cet antique et respectable monument élevé par nos pères à la charité chrétienne, et où les secours sont infiniment améliorés par les soins de l'empereur. Le docteur le Preux a ensuite adressé à sa Sainteté des vers latins qu'elle a écoutés avec intérêt et reçus avec bonté.

La visite de sa Sainteté à l'église de Saint-Thomas d'Aquin a eu lieu le 27 décembre à dix heures du matin. Après le compliment latin de M. le curé, remarquable par les pensées et les sentimens dont il était rempli, et la réponse du Saint-Père, une belle musique a exécuté le *Tu es Petrus* de Le Sueur, et a continué pendant la messe du St.-Père. Le pain béni a été présenté par Mesdemoiselles de Montmorency, de Luxembourg, de Sainte-Aldegonde et de Séran : sa Sainteté en leur donnant sa bénédiction, leur a offert de baiser l'anneau de Saint-Pierre.

Sa Sainteté a admis les fidèles a lui baiser les pieds, depuis onze heures un quart jusqu'à midi et demi. Lorsqu'elle a reparu dans l'église, la partie du peuple qui n'avait pu pénétrer jusqu'à elle, s'est précipitée sur ses pas, se prosternant à ses pieds, lui baisant les pans de sa robe, et les mains, que le Saint-Père tendait avec bonté à cette foule empressée, au milieu de laquelle il avait été comme porté jusqu'au milieu de l'église.

Sa Sainteté s'est rendue le vendredi 28 décembre, à l'église Saint-Eustache et y a célébré les saints mystères. M. le cardinal archevêque de Paris, l'a reçue à la porte de l'église, et M. le curé lui a adressé un discours latin. Sa Sainteté, dans sa réponse, a daigné témoigner sa satisfaction des sentimens contenus dans ce discours.

Il serait difficile de peindre la vénération profonde et respectueuse que la présence de sa Sainteté a produite sur les habitans du troisième arrondissement.

Le Souverain-Pontife, après avoir célébré la messe, après avoir béni la chapelle de la Sainte-Vierge, où M. l'évêque de Coutances a dit la messe, s'est rendu dans la chapelle dite *des Mariages*, où il a admis au baiser des pieds le clergé, les magistrats composant la mairie, le juge de paix, la plupart des fonctionnaires publics de cet arrondissement, et un nombre considérable de personnes de tout âge et de tout sexe, que la piété avait conduites dans l'église. M. Rousseau, maire, en rendant ses hommages au Saint-Père, a prononcé un discours auquel sa Sainteté a répondu avec bonté.

Le 29 décembre, le Saint-Père a visité l'église de Saint-Roch. Là, comme dans tous les autres lieux où elle s'est rendue, sa Sainteté a été l'objet de l'empressement religieux d'une foule innombrable accourue pour participer à ses bénédictions; le plus grand ordre a régné par-tout.

Sa Sainteté avait reçu la veille à midi, dans la grande *galerie* du Musée Napoléon, douze cents personnes qui avaient demandé la faveur de lui être présentées ; elle les accueillit avec cette bonté patriarchale qui la caractérise, et les admit à l'honneur de lui baiser la main.

Le 3 janvier 1805, le Saint-Père s'est rendu à Versailles, où il arriva sur les onze heures. Il a été directement à l'église cathédrale, où il fut reçu et complimenté par M. l'évêque. Sa Sainteté a encensé le saint Sacrement, et M. l'évêque a donné le salut. L'église était beaucoup trop petite pour contenir la population de cette ville, qui s'y est portée presqu'entière. M. l'évêque a prié sa Sainteté de donner sa bénédiction pontificale d'un des balcons de la galerie du château, et il a averti le peuple de se rendre sur la terrasse. Rien n'a été plus imposant que cette cérémonie. Le Pape a paru, précédé de sa croix, avec ses habits pontificaux et la mitre en tête. A son aspect, le peuple, en recevant la bénédiction de sa Sainteté, a donné tous les signes de la foi et de la piété chrétienne ; il a fait ensuite éclater sa joie par les cris répétés de *vive le Saint-Père*.

Le Saint-Père a paru extrêmement satisfait des témoignages de religion des habitans de Versailles ; et la bonté paternelle de sa Sainteté, la charité divine qui brille dans toutes ses actions, ont pénétré ceux-ci de vénération.

Le souverain Pontife a dîné à l'évêché, seul à sa table, suivant l'usage. M. l'évêque a donné ensuite à dîner à tout le cortège du Saint-Père et aux principales autorités de la ville et du département.

Sa Sainteté est partie de Versailles à quatre heures. M. le Maire qui l'avait complimentée à son entrée dans la ville, l'a saluée encore à la sortie des barrières, où il s'est trouvé avec le corps municipal et la garde nationale.

Le Pape était dans une voiture à huit chevaux, suivie de deux autres voitures de la cour, à six chevaux. Un corps très-nombreux de cuirassiers et de dragons de la plus belle tenue, l'a accompagné jusqu'au-dessus de Sèves. Un piquet de guides de la garde impériale l'a escorté jusqu'à Paris.

Le préfet de Seine et Oise, qui avait complimenté le matin le Saint-Père à Sèves, pendant le relais, l'a accompagné tout le tems qu'il a été dans son département.

Le 9 janvier, sa Sainteté a visité l'église de saint-Étienne-du-Mont, elle y a dit la messe; et après avoir fait sa prière au tombeau de sainte Geneviève, elle a reçu les hommages d'un grand nombre de fidèles. M. Champagne, professeur du Lycée impérial, lui a présenté plusieurs élèves du cours de Belles Lettres, qui lui ont offert, les uns en latin, les autres en français, les prémices de leurs talens poétiques. M. Luce de Lancival, en lui présentant son *éloge de M. de Noé*, évêque de Troyes, couronné par le musée de l'Yonne, a harangué sa Sainteté en latin.

Le 2 février, le Saint-Père à tenu un consistoire public dans la grande salle de l'archevêché. Lorsque sa Sainteté a été assise sur son trône, les sept anciens cardinaux diacres qui étaient présens, ont été *faire obédience* au Souverain-Pontife en lui baisant la main recouverte de la chape.

Deux cardinaux diacres et au défaut des deux autres cardinaux diacres, les deux cardinaux prêtres les moins âgés, ont été chercher à la chapelle les cardinaux de Belloy et de Cambacérès, qui, arrivés au trône du pape, lui ont baisé les pieds, la main, et ont été embrassés par sa Sainteté ; ils ont été amenés ensuite aux autres cardinaux, que les ont aussi embrassés ; ils ont pris leur place par rang de promotion, se sont assis et ont mis la barete en signe de possession.

Les nouveaux cardinaux sont revenus au trône du pape, qui leur a placé le chapeau rouge sur la tête, en leur adressant ces paroles que sa Sainteté a prononcés d'une voix haute, distincte, et d'une manière religieusement solemnelle :

« A la louange du Dieu Tout-Puissant, et pour l'ornement du Saint-Siège apostolique, recevez le chapeau rouge, marque particulière de la dignité du cardinalat, destinée à vous rappeller que vous devez vous montrer intrépides jusqu'à l'effusion du sang, inclusivement, pour l'exaltation de la sainte foi, la paix et la tranquillité du peuple chrétien, l'accroissement et le maintien de l'église romaine. Au nom du Père et du Fils et du saint-Esprit. »

Le Pape s'est ensuite levé de son trône et a passé dans une salle voisine pour quitter ses habits pontificaux; là, le cardinal de Belloy, en son nom et en celui du cardinal de Cambacérès, a adressé un discours latin sa Sainteté, qui a répondu dans la même langue.

Sa Sainteté s'étant retirée, les cardinaux ont été en procession à la chapelle; les chantres ont chanté le *Te Deum*, pendant lequel les nouveaux cardinaux étaient posternés sur les marches de l'autel. Le cardinal Antonelli

nelli, comme doyen, a prononcé les prières d'usage. Après cette cérémonie, les cardinaux ont passé dans une salle où était sa Sainteté et où elle a tenu son consistoire secret. Le souverain Pontife a commencé par ériger l'évêché de Ratisbonne en métropole, et a ensuite promu à cette église l'éminentissime et révérendissime seigneur Charles-Théodore de Dalberg, électeur archi-chancelier du saint-empire romain.

Le souverain Pontife a ensuite promu Louis-Mathias de Baral, évêque de Meaux, à la métropole de Tours; Jean-Baptiste Canaveri, ancien évêque de Biel, à l'évêché de Verceil; Charles Ferreto della Marmora, ancien évêque de Casal, à l'évêché de Saluces; Joseph-Marie Grimaldi, ancien évêque de Pinerol, à l'évêché d'Yvrée; Jean-Chrisostôme de Villaret, évêque d'Amiens, à l'évêché d'Alexandrie; Jean-Baptiste-Pie Vitali, ancien évêque l'Albe, l'évêché de Mondovi; Jean-

François de Mandola, évêque de la Rochelle, à l'évêché d'Amiens; Dominique de Prade, à l'évêché de Poitiers; Gabriel-Laurent Paillon, à l'évêché de la Rochelle.

En commençant ce consistoire secret, le Pape a, suivant l'usage, *fermé la bouche* aux deux cardinaux qui assistaient pour la première fois à un consistoire secret, et la leur a ouverte en le terminant.

Le consistoire étant ouvert, y est entré M. Kolborn, anciennement doyen de l'église collégiale de saint Étienne de Mayence, et conseiller intime de l'électeur archi-chancelier. Il a fait à genoux la demande du *Pallium* à sa Sainteté, au nom de l'éminentissime électeur. M. l'archevêque de Tours a fait en personne la même demande à sa Sainteté.

Le Pape a conféré l'anneau aux deux nouveaux cardinaux, et leur a donné le titre; au cardinal de Belloy, de l'église de saint Jean-Porte-Latine, et au cardinal de Cambacérès, de l'église Saint-Etienne *in Monte Cœlio*.

Les cardinaux étant sortis du consistoire, le souverain Pontife a imposé les rochets aux nouveaux élus des églises de Poitiers et de la Rochelle, et a admis au baisement des pieds les autres évêques qui ont été promus dans le consistoire et qui étaient déjà sacrés.

Sa Sainteté étant partie de l'archevêché, son éminence le cardinal Braschi, en qualité de premier cardinal diacre, présent, a fait dire la messe par un de ses aumôniers, dans la chapelle, les *Pallium* étant sur l'autel; son éminence le cardinal de Belloy, les archevêques et évêques y ont assisté. Après la messe, les archevêques de Bordeaux et de Tours, revêtus de leurs habits pontificaux, ont prêté serment au saint siège entre les mains du cardinal Braschi, qui leur a imposé le *Pallium* avec les prières d'usage. Les deux archevêques ont donné ensuite la bénédiction pontificale.

M. l'archevêque de Bordeaux n'a pas fait la demande du *Pallium*, parce qu'il l'avait reçu avec ses bulles; mais la cérémonie n'avait pas encore été remplie.

Le même jour, le pape a sacré dans l'église de Saint-Sulpice M. de Prade, évêque de Poitiers, et M. Paillon, évêque de la Rochelle. Sa Sainteté a été assistée dans cette cérémonie par quatre évêques romains.

Tous les évêques qui étaient à Paris ont assisté à cette cérémonie. L'église était entièrement remplie. On s'y était porté de toutes les parties de la capitale dont les habitans n'ont cessé de donner à sa Sainteté les témoignages les plus éclatans de leur vénération.

Les évêques co-consécrateurs, étaient messeigneurs Fenaja, archevêque des Philippes, vice-gérent de Rome, et Bertazzoli, archevêque d'Edesse, distributeur des aumônes du Saint-Père.

Le Pape était aussi assisté par monseigneur Devoti, archevêque de Carthage, secrétaire des brefs aux princes, et par monseigneur Menochio, évêque de Porphyre, sacriste de sa Sainteté.

Le 11 février, le Saint-Père a visité l'église paroissiale de Ste-Marguerite du faubourg Saint-Antoine. Un concours immense de peuple remplissait, non-seulement l'église, mais les rues adjacentes. Lorsque le Saint-Père a été au pied de l'autel, M. le curé a paru un moment en chaire et a adressé au peuple quelques paroles animées de cette éloquence pastorale qui s'empare toujours des esprits : il l'a exhorté a reconnaître la faveur insigne qu'il recevait du ciel par la visite du vicaire du sauveur du monde, et il a entonné le *Credo* qui a été chanté avec enthousiasme par tout ce qui remplissait l'église.

Sa Sainteté a accordé aux laborieux habitans de ce faubourg une faveur que n'avaient point encore reçue les autres paroisses de Paris. Elle a donné la communion aux fidèles. Cent hommes environ, presque tous de la classe des ouvriers, y ont participé. Ils avaient à leur tête les six administrateurs de la paroisse.

Le 18, le Saint-Père a visité l'église de Saint-Germain l'Auxerrois, et y a célébré les saints-mystères. On y a montré, comme dans les autres églises, un extrême empressement pour recevoir la bénédiction de sa Sainteté.

Le 24, le Saint-Père a célébré les saints-mystères dans l'église de Saint-Méry. La municipalité en corps a rendu le pain béni. Cinq cents fidèles ont reçu la communion. Plus de deux mille personnes s'étaient présentées pour y participer; le concours était immense, et dans cette circonstance comme dans toutes celles de la même nature qui l'ont précédée, sa Sainteté a reçu les plus éclatans témoignages de la vénération et de l'affection publique.

L'église était décorée avec beaucoup de magnificence, et richement illuminée; elle était entièrement revêtue de tapisseries des Gobelins. Un corps de musique nombreux a exécuté le *Tu es Petrus* et le *Vivat in œternum*, composition de M. l'abbé Rose, laquelle se fait remarquer pour sa précision, sa verve, son originalité, sa belle et vigoureuse expression. Ce compositeur est un des maîtres de chapelle les plus distingués par ses productions et par le talent des élèves qu'il a formés. M. Le Sueur est de ce nombre.

Le 4 mars, le Saint-Père a visité l'église de Saint-Germain-des-Prés. Il a été harangué en latin par M. le curé, et en français par M. Guineau, président de l'administration de cette paroisse. On a remarqué les phrases suivantes de ce dernier discours.

« Très-Saint-Père, ce lieu fut un des berceaux de l'ordre de St.-Benoît, que vous aurez à jamais illustré.

» Sous ces voûtes silencieuses méditèrent sur la religion, la morale, l'histoire et toutes les sciences nécessaires ou utiles au genre humain, les

Mabillon, les Montfaucon, et une foule d'autres grands hommes dont la mémoire est impérissable comme leurs bienfaits.

» Vous ne verrez pas sans émotion cette vaste enceinte, vouée quelque tems à la destruction, sortie de ses ruines par l'ordre du grand Napoléon, et déjà digne, par les soins et les offrandes des fidèles, de recevoir le chef auguste de notre sainte religion. »

Comme l'annonçait M. l'administrateur, l'église était décorée avec magnificence et avec goût ; une nombreuse musique a suppléé à l'orgue, qu'on n'a pu encore rétablir. Malgré l'affluence, qui est toujours extrême, on a remarqué, de même que dans les dernières églises visitées par sa Sainteté, un profond recueillement et des témoignages de piété qui surprendraient bien des étrangers, auxquels Paris n'est connu que par ce qui frappe d'abord les yeux, et d'après ce qu'on en a écrit depuis tant d'années.

Le Saint-Père y a aussi donné la communion à un très-grand nombre de fidèles.

L'église de saint Germain-des-Prés, aussi antique que la monarchie française, ayant été dévastée par les Normands, fut reconstruite dans sa plus grande partie, au XII$^{me}$ siècle, et consacrée en 1163, par le pape Alexandre 111, qui passa le carême de cette année à Paris. C'est à la même époque de l'année, que PIE VII a consacré et placé dans cette église la première pierre de l'autel de la Vierge, qui a été détruit pendant la révolution, et que les paroissiens vont faire rétablir avec la magnificence digne d'une si illustre consécration.

Le dimanche, 24 mars, le prince Napoléon-Louis, fils de son altesse impériale, le prince Louis, a été baptisé à Saint-Cloud. Cette cérémonie a été faite avec la plus grande pompe par sa Sainteté.

Huit voitures impériales ont conduit

à Saint-Cloud le Pape et son cortège, composé de cardinaux, archevêques, évêques et prélats, et des grands officiers de sa Sainteté.

Les appartemens du palais de Saint-Cloud étaient disposés ainsi qu'il suit :

*Chapelle.* L'extrémité de la galerie, convenablement ornée et tendue, a été convertie en chapelle. Devant l'autel, a été placé un fauteuil pour le Pape. A droite de l'autel, du côté de l'église, étaient des tabourets pour les six prélats du Pape; à leur gauche, plus près de l'autel, les prélats du second ordre. A Droite des prélats, un banc à dossier, richement couvert, pour neuf cardinaux ; de l'autre côté de la chapelle, vis-à-vis les cardinaux, quinze chaises pour les archevêques et évêques.

A six pieds en avant des marches de l'autel, était une table richement décorée, sur laquelle a été placé le vase, couvert en blanc, tenant lieu des fonts. A droite et à gauche de cette table, deux crédences, l'une pour les honneurs, l'autre pour les objets nécessaires à la cérémonie.

Au milieu de la chapelle, et vis-à-vis les fonts, deux fauteuils et deux prie-Dieu pour le parrain et la marraine. A droite du fauteuil de sa majesté, un fauteuil pour l'impératrice et trois chaises pour les princesses. A gauche du fauteuil de la marraine, six chaises pour les princes de la famille impériale et les princes de l'empire.

*Salle du lit.* Dans l'un des salons de l'impératrice, il a été dressé, sur une plate forme, un lit sans colonnes et surmonté d'un dais. Au pied du lit était étendu un grand manteau d'étoffe riche, doublé d'hermine, destiné à porter l'enfant au baptême.

Dans la même chambre étaient deux tables richement couvertes, destinées à recevoir, l'une les honneurs de l'enfant, savoir : le cierge, le crémeau, et la salière ; l'autre, plus parée, ceux des parrain et marraine, savoir : le bassin, l'aiguière et la serviette.

La serviette était placée sur un carreau d'étoffe d'or ; tous les autres honneurs, hors le cierge, étaient sur des plats d'or.

A droite du lit, était mad. de Villeneuve, dame d'honneur de mad. Louis, remplaçant madame de Viry, indisposée, et à gauche mad. de Boubers, faisant les fonctions de gouvernante, la sous-gouvernante derrière elle.

Les princes et princesses de la famille impériale, les princes de l'empire, les grands officiers de la couronne, les dames detinées à porter les quatre coins du manteau, et celles qui devaient porter les honneurs, se sont rassemblées dans la salle du lit.

Les officiers civils de l'empereur, les chambellans et écuyers des princes et les dames et officiers des princesses qui n'étaient pas de la cérémonie, sont restés dans le salon voisin ; les autres personnes invitées, se sont placées dans le salon de Mars; les ministres et les grands officiers militaires, dans la salle du trône.

M. le grand aumônier ayant pris les ordres de sa majesté, de concert avec M. le grand maître des cérémonies, est allé chercher sa Sainteté dans son appartement, et l'a conduite dans la chapelle.

Le grand maître des cérémonies, avec les autres grands officiers de la couronne, sont allés prendre les ordres de l'empereur dans son cabinet.

L'empereur s'est rendu dans le salon du lit, avec la marraine ( son altesse impériale madame mère de sa majesté, précédé par le grand maître, le grand écuyer, et le grand maréchal; et suivi par le grand colonel général de la garde, le grand aumônier, le grand chambellan et le grand-veneur.

A l'arrivée du parrain et de la marraine, l'enfant a été découvert par mesdames de Villeneuve et de Boubers.

La première a levé l'enfant et l'a

remis au parrain, qui a chargé madame de Boubers de le porter aux fonts.

Le grand maître des cérémonies a remis la salière à madame de Bouillé, le crémeau, à madame de Montalivet, le cierge, à madame la maréchale Lannes, la serviette à madame de Séran ; l'aiguière, à madame Savary ; le bassin, à madame de Talhouet.

Alors sont partis pour se rendre à la chapelle,

Les princes de l'empire et ceux de la famille impériale, précédés de leurs écuyers et suivis de leurs chambellans; les princesses précédées par leurs officiers et suivies par leurs dames ;

L'impératrice, que précédaient les pages, les écuyers et les chambellans de sa majesté. A la droite de l'impératrice, était sa dame d'honneur, et un peu en arrière, son premier aumônier ; à sa gauche, son premier écuyer, sa dame d'atours et deux officiers supérieurs de la garde ; un page portait la queue de la robe de sa majesté, les dames du palais marchaient derrière elle.

Les ministres, les grands officiers militaires qui n'avaient point de fonc- ions dans la cérémonie suivaient e cortège de l'impératrice ; celui de 'empereur marchait dans l'ordre suivant :

Les huissiers; les hérauts d'armes, les pages, les aides des cérémonies, les maîtres des cérémonies, les écuyers et les préfets du palais de sa majesté, les chambellans de sa majesté, les aides-de-camp de sa majesté, l'écuyer, l'aide-de-camp et le chambellan de service ;

Les honneurs dans l'ordre ci-après : la salière, le crémeau, le cierge, la serviette, l'aiguière, le bassin, l'enfant ;

Mesdames les maréchales Bernadotte, Bessières, Davoust et Mortier portaient les coins de son manteau ;

Le grand maître des cérémonies, le grand écuyer, et le grand maréchal ;

L'empereur, suivi du colonel général de la garde, du grand aumônier, du grand chambellan, du grand veneur, du ministre des cultes, des colonels généraux de la garde et des officiers de sa maison qui n'étaient pas de service. A gauche de l'empereur, madame, mère de sa majesté, suivie de ses dames et officiers.

En entrant dans la chapelle, tout le cortège qui précédait les honneurs, s'est rangé à droite et à gauche de la porte. Les dames portant les honneurs se sont avancées et se sont rangées à droite et à gauche des fonts baptismaux.

Les grands officiers se sont placés derrière l'empereur, excepté le grand aumônier qui s'est placé entre le fauteuil du parrain et de la marraine, et le grand maître des cérémonies qui se tenait en avant et à la droite de l'empereur.

Le maître des cérémonies ecclésiastiques se tenait derrière le grand aumônier et à portée de lui.

Les officiers des princes se tenaient derrière eux, et les dames et officiers des princesses, derrière leurs altesses.

Toutes les autres personnes assistant

à la cérémonie, étaient dans la galerie, sans désignation de places.

Alors les cérémonies religieuses ont été faites par sa Sainteté ainsi qu'il est d'usage. Après le baptême, le premier chambellan et le grand maréchal ont donné à laver au parrain et à la marraine.

L'enfant a été reconduit au salon du lit, avec le même cortège qui l'avait accompagné en allant à la chapelle.

# CHAPITRE VI.

*Relations du souverain Pontife avec des fonctionnaires publics, des savans et des artistes. — Ses visites à différens Musées, Monumens d'Arts, Manufactures, etc.*

Quelque tems avant que le Saint-Père se rendît en France, M. Desray, libraire, et éditeur des *Oiseaux Dorés*, ou de l'*Histoire Naturelle des Colibris, Oiseaux-Mouches, Jacomares, Promérops et Grimpereaux, suivie des Oiseaux de Paradis*, par MM. Audebert et Veillot, ayant obtenu de son éminence monseigneur le cardinal Légat, la permission de lui en remettre un superbe exemplaire, pour l'hommage en être fait au Pape, sa Sainteté a daigné accueillir avec bonté ce chef-d'œuvre de l'industrie française, et en agréer le présent. Elle a fait l'honneur à M. Desray, en lui envoyant un chapelet magnifique qu'elle a bien voulu bénir de ses propres mains, de lui écrire la lettre suivante :

*A notre cher fils, salut et bénédiction apostolique.*

« Nous avons reçu les deux volumes de l'Histoire Naturelle des *Oiseaux Dorés*, dont vous nous avez fait hommage. Nous examinerons avec plaisir ce bel ouvrage dans les momens de liberté que nous laisseront les occupations importantes dont nous sommes chargés. En attendant, nous ne pouvons que louer l'extrême perfection avec laquelle les gravures sont exécutées ainsi que la beauté et la richesse des caractères. L'attention que vous avez eue de nous en adresser un exemplaire, nous est une preuve de votre dévouement filial envers notre personne. Dans le dessein de la reconnaître et de vous en témoigner notre satisfaction, nous vous adressons un chapelet que nous avons beni de notre main, persuadés que vous le recevrez comme une marque de notre bienveillance. Nous demeurons en vous donnant de tout notre cœur notre bénédiction apostolique, etc ; *signé*, PIE VII, à sainte Marie-Majeure, le 13 octobre 1804.

Le 4 décembre, une députation de la cour de Cassation a été présentée à sa Sainteté.

M. Muraire, premier président, a porté la parole en ces termes :

Très-Saint-Père, « le premier corps de la magistrature française, la cour de Cassation, nous députe vers vous pour vous offrir ses hommages. Mais comment vous exprimerais-je les sentimens dont nous sommes pénétrés.

» Sous tous les rapports religieux, moraux et politiques, tant d'avantages réels, tant d'avantages espérés sont et seront le fruit du voyage de votre Sainteté, de ce voyage qu'animé du saint zèle de l'apostolat, et sans calculer les difficultés et les distances, vous n'avez pas hésité d'entreprendre, qu'il serait difficile de vous dire quelle reconnaissance s'unit dans nos cœurs à la vénération qui déjà était acquise à celui que ses vertus ont placé sur le saint siége, et appelé au gouvernement souverain de l'église.

» Mais ce qui laissera sur-tout, je ne dis pas seulement dans nos ames, mais dans l'avenir et d'âge en âge, des traces profondes des souvenirs ineffaçables d'admiration, de gratitude et de respect, c'est le spectacle à la fois majestueux et touchant dont nous avons été les témoins, et dont toute la vie nous conserverons l'impression la plus vive...... NAPOLÉON, très-glorieux et très-auguste empereur des Français, au pied des autels qu'il a relevés, environné de toute la solemnité, de toute la pompe du culte qu'il a rétabli, recevant l'onction sainte des mains du Souverain Pontife, Dieu lui-même, intervenant par votre entremise, pour ratifier et sanctifier le choix libre de la nation qui lui a décerné l'empire...... quel tableau et quels rapprochemens !

» Très-Saint Père, si ces rapprochemens appartiennent à l'histoire, croyez qu'ils appartiennent encore plus à notre sensibilité ; et dire à votre Sainteté quel prix nous attachons au bienfait, c'est lui dire quels sentimens sincères, profonds, immortels, il nous fait éprouver pour elle. »

Le 6, la cour d'appel de Paris a été présentée au Saint-Père, et M. Séguier, premier président, a porté la parole au nom de sa compagnie.

Sa Sainteté a également reçu par départemens les sous-préfets et présidens des cantons, qui lui ont été présentés par leurs préfets.

Le 11 décembre, les fonctionnaires publics des départemens de Lot et Garonne et du Gers, appelés à Paris pour assister au couronnement et au sacre de sa majesté, ont été présentés par

M. l'évêque d'Agen à une audience particulière de sa Sainteté.

M. la Borde, membre du corps-législatif, a porté la parole en ces termes :

Très-saint-Père, « les députés des départemens de Lot et Garonne et du Gers, qui forment le diocèse d'Agen, ont porté aux pieds du trône du héros des Français, le tribut de leur admiration, de leur respect et de leur dévouement.

» Ils croiraient ne pas avoir entièrement rempli leur honorable mission, s'ils ne s'empressaient d'offrir à votre Sainteté l'hommage de vénération profonde dont ils sont pénétrés, pour les vertus religieuses assises aujourd'hui sur la chaire de saint-Pierre.

» Quel spectacle la France donne en ce moment au monde entier !

» Le plus vertueux des Pontifes à côté du plus grand des héros.

» Ce que la puissance du ciel a de plus auguste relevant l'éclat de ce que la

puissance de la terre a de plus majestueux ;

» Le triomphe de la religion embel-
lissant le triomphe de la sagesse et d
génie ;

» Et Dieu consacrant par son premier
Pontife la gloire du sauveur de son
peuple et du restaurateur de son culte.

» Jamais réunion plus auguste a-t-elle
signalé une plus brillante époque ? Jamais tant de vertus ont-elles couronné
tant de gloire ?

» Un évenement aussi grand fixe nos
destinées et celles de nos derniers descendans.

» Puisse-t-il aussi attirer sur votre règne tout le bonheur que nous attendons
de celui qui commence pour nous! Et
puisse votre Sainteté vivre aussi long-
tems sur le trône pontifical, qu'elle
vivra dans tous les cœurs des français!

Le même jour, les portes du Musée
furent fermées au public, lorsqu'il n'y
avait encore dans les salles qu'une
centaine de curieux qui se mirent tous à
genoux

enoux en voyant le Saint-Père sortir de son appartement. Le Saint-Père leur donna sa bénédiction, et passa dans le sallon d'Apollon, où plusieurs dames de la cour lui furent présentées.

Le vendredi suivant, sa Sainteté sortit à une heure dans une voiture à huit chevaux suivie de deux autres voitures à six chevaux, et alla se promener au bois de Boulogne, d'où elle revint par le chemin de Saint-Cloud, et rentra au palais à trois heures.

M. Drouin ayant fait hommage au Saint-Père d'une estampe représentant le *Triomphe de la religion en France, sur l'athéisme et l'impiété révolutionnaires*, sa Sainteté lui en a fait témoigner sa satisfaction par la lettre suivante, datée de Paris, le 13 décembre 1804 :

« Monsieur sa Sainteté, a reçu avec le plus vif intérêt, l'estampe représentant le triomphe de la religion, dont vous venez de lui faire hommage.

» Le Saint-Père me charge de vous

assurer en son nom, que le sujet de cette composition suffirait seul pour lui prouver combien sont louables les sentimens qui animent son auteur.

» Je vous prie de recevoir, comme un témoignage de la gratitude de sa Sainteté, deux médailles, l'une d'or et l'autre d'argent, ainsi qu'un chapelet (*corona*), afin que ces gages puissent vous rappeler sans cesse combien tout ce qui a pour objet la gloire de la religion, intéresse celui qui en est le chef suprême.

Il m'est agréable de remplir auprès de vous les intentions de sa Sainteté: je vous prie de me croire avec les sentimens les plus distingués, monsieur, votre, etc.,

*Signé* G. Gavotti,
Majordome de sa Sainteté.

M. P. H. Marron, président du consistoire de Paris, a fait sur le couronnement de sa majesté impériale, une ode latine, dont nous citerons la dernière strophe.

*Sint vota summi pontificis rata!*
*Sint nostra! sint, quot gallia fuderit*
*Die auspicatâ! tende in astra,*
*Noster amor, tibi pacta, tardus!*

En adressant cette ode au Saint-Père, M. Marron y a joint ces vers d'envoi.

*Pontifici, triplex surgit cui fronte corona;*
*Æmula quem Italicæ, Gallica terra colit,*
*Et christi venerator ego, christique sacerdos,*
*Cuique idem in cunctos pectore spirat amor,*
*Insuetum hæc mitto possint quæ carmina cultum*
*Testari, tanto pignora digna viro.*

Le 16 décembre, M. Leclerc, prêtre de l'Oratoire, et aujourd'hui juge au tribunal de première instance à Vendôme, eut l'honneur d'être présenté à sa Sainteté par le cardinal Braschi, et en fut accueilli avec la plus grande bonté. Le Souverain Pontife se plut à rappeler dans cette conférence, les liaisons d'estime et d'amitié qui existaient en France entre les Bénédictins et les Oratoriens.

Le 18, sa Sainteté a visité l'hôtel impérial des Invalides. Le Saint-Père arrivé dans la grande cour, avec une garde et quelques carosses de suite, a été reçue à la descente de sa voiture par M. le maréchal gouverneur et l'état major. Sa Sainteté ayant été introduite dans l'église, et conduite à l'autel par le clergé des invalides, y a fait sa prière sur un prie-Dieu qui lui avait été préparé. De-là elle est passée au dôme, et s'est arrêtée devant le tombeau de Turenne, dans une des chapelles attenantes. M. le maréchal gouverneur lui a présenté diverses dames qui s'étaient rendues dans l'église.

En sortant du dôme, sa Sainteté est allée dans les magnifiques infirmeries de l'hôtel, qu'elle a parcourues dans leur totalité, et paru voir avec un vif intérêt.

Par-tout elle a donné des marques

de sa bonté paternelle et de sa touchante affabilité. Lorsqu'elle s'est retirée, elle a été suivie par un grand concours de monde, et accompagnée jusqu'à sa voiture par M. le maréchal gouverneur.

Le 28, M. Calvel a présenté a sa Sainteté, ses différens ouvrages d'agriculture ; il lui a adressé en latin un discours dans lequel il a particulièrement pris pour sujet d'éloge le zèle éclairé que sa Sainteté apporte à encourager le premier et le plus précieux des arts. Il a rappelé que c'est dans les murs de Rome qu'ont été composés les bons ouvrages d'agriculture, dont les préceptes s'embellissent des vers immortels de Virgile ; ouvrages que Varron, Palladius, Columelle, Pline, ces bienfaiteurs de l'humanité, ont transmis à la reconnaissance des peuples. Sa Sainteté a accueilli l'hommage de M. Calvel avec la plus touchante affabilité.

Le docteur Portal a eu l'honneur

de présenter à sa Sainteté un exemplaire de son ouvrage sur l'anatomie médicale. Sa Sainteté a bien voulu le remercier de la manière la plus affectueuse, et écouter avec une extrême bonté le discours latin que lui a adressé M. Portal. En nommant les médecins célèbres dont les écrits ont été pour lui des sources précieuses, M. Portal a particulièrement cité plusieurs médecins italiens, attachés dans les siècles derniers aux souverains pontifes. Sa Sainteté a paru sensible au souvenir que lui retraçait ce discours de M. Portal. En voici la traduction :

Très-Saint-Père,

« Le flambeau de la religion était presque entièrement éteint parmi nous, votre Sainteté est venu le rallumer. En couronnant NAPOLÉON, l'ancre unique du salut de la France, vous avez assuré notre bonheur. Combien nous vous sommes redevables et quelles grâces vous rendrons-nous pour d'aussi grands bienfaits !

» Un autre motif m'amène aux pieds de votre Sainteté. Médecin depuis 30 ans des nonces apostoliques qu'elle a envoyés en France, membre de la plupart des réunions savantes d'Italie, auteur de livres qui ont eu l'honneur d'être traduits en langue italienne, j'ai dû ambitionner la gloire, ou plutôt j'ai regardé comme un devoir indispensable de présenter à votre Sainteté un ouvrage que je viens de faire imprimer sur l'anatomie médicale.

» Les plus célèbres académies d'Italie doivent leur existence et leur accroissement à l'amour des souverains pontifes pour les sciences, et à leur munificence vraiment royale. Les facultés de médecine sur-tout leur sont infiniment redevables, et c'est de ces dernières que sont sortis, comme la lumière sort du soleil, ces savans médecins qui ont si bien mérité de l'humanité, et dont les doctes écrits doivent être feuilletés nuit et jour par ceux qui aspirent à la célébrité dans l'art de guérir.

» Parmi ces médecins illustres brillent Barthelemi *Eustache*, l'un de nos plus grands anatomistes, médecin de Saint-Charles Borromé et du Pape Sixte v.

» André *Baccius*, l'un des plus savans praticiens qui aient jamais existé, médecin du même pape.

» André *Cesalpin*, si fameux par ses connaissances anatomiques et botaniques, médecin de Clément VIII.

» Paul *Zacchias*, à qui l'on doit d'avoir posé les premiers fondemens de la médecine légale, médecin d'Innocent X.

» Marcel *Malpighi*, justement surnommé l'œil des anatomistes, médecin d'Innocent XII.

» Jean-Marie *Laucisi*, qui a si savamment écrit sur les mouvemens du cœur et sur les anévrismes, médecin de Clément XI.

» En citant ces grands noms, en

mettant sous les yeux de votre Sainteté les auteurs de tant d'excellens ouvrages, je ne puis m'empêcher de payer aussi un tribut de louanges à d'autres savans anatomistes qui ont été leurs amis, leurs contemporains, leurs compatriotes. Tels sont Jacques *Carpy*, surnommé *Berenger*, Gabriel *Fallope*, Antoine-Marie *Valsalva*, et Jean-Baptiste *Morgagni*, qui ne le cède à nul autre de ceux qui ont cultivé l'anatomie.

» C'est en consultant les écrits de ces grands hommes, qu'aidé de ma propre expérience pendant un grand nombre d'années, j'ai composé l'ouvrage que j'ai l'honneur d'offrir à votre Sainteté. Il est le fruit d'un long et pénible travail. Mais j'ai cru qu'il pouvait être d'une grande utilité aux élèves en médecine, et même aux médecins cliniques ; et je l'espérerai bien davantage si votre Sainteté veut l'accueillir avec bonté. »

Le 5 janvier 1805, le Saint-Père alla visiter la manufacture impériale de porcelaines de Sèves. Il parcourut ce grand établissement dans toutes ses parties, et vit avec intérêt les différens travaux qui ont été exécutés devant lui. Sa Sainteté trouva à son arrivée, des femmes, des artistes et des ouvriers de la manufacture, les dames de Charité, etc., rangées avec ordre dans les salles du magasin, demandant pour elles et pour leurs enfans sa bénédiction. L'ordre était tellement établi, que le Saint-Père a pu parcourir, ainsi que sa suite, toute la série des travaux, et on a remarqué sa satisfaction sur la pureté des formes et l'élégance des dessins, et sur-tout des moyens employés pour la réussite des grandes pièces qui s'exécutent dans ce bel établissement.

Le 8, le Saint-Père se rendit au Muséum d'Histoire Naturelle. Il a été d'abord introduit dans la bibliothèque, où M. le conseiller d'état Fourcroy, directeur du jardin des Plantes, accompagné de MM. les Professeurs, lui a adressé un discours latin, dont voici à peu près la substance.

« Très-Saint-Père un des jours les plus heureux qui aient lui pour nous, est celui où votre Sainteté, après avoir versé l'onction sainte sur le front de notre auguste monarque, après avoir visité les différens temples que cette ville renferme, en vient visiter un d'un genre différent. Ce ne sont pas seulement les cieux qui *racontent la gloire de Dieu*, c'est la nature entière. Mais le voyageur naturaliste rencontre séparément les divers objets de son étude; tantôt en retirant de la terre les minéraux que son sein resserre; tantôt en cueillant les plantes qui ornent sa surface ; tantôt en observant les divers animaux qui habitent la terre, l'air et les eaux. Ici ces objets réunis sous un même point de vue, et disposés avec méthode, proclament encore plus hautement la puissance du Créateur. Qu'il est flatteur pour nous, très-Saint Père, de pouvoir étaler à vos yeux, ces monumens de la sagesse d'un Dieu, dont vous êtes ici bas une image si fidelle par votre dignité et par vos vertus ! Daignez agréer l'expression de notre reconnaissance, dont le sentiment sera immuable comme la nature elle-même. »

Sa Sainteté a témoigné dans sa réponse latine combien ces sentimens religieux lui causaient une vive satisfaction, sur-tout lorsqu'ils étaient exprimés par des savans d'un mérite si distingué.

Le Pape a parcouru ensuite les galeries : les différens professeurs ont fixé chacun l'attention de sa Sainteté sur ce qu'il y a de plus remarquable dans la partie dont la direction lui est confiée. Le Saint Père a tout considéré avec un vif intérêt qu'il a souvent manifesté par des questions sur les objets qui le frappaient le plus ; et il a témoigné sa satisfaction, en donnant de nouvelles preuves de son affabilité et de sa bonté.

Le tems et l'humidité du terrein ont empêché ce jour-là sa Sainteté de voir le jardin, les serres et la ménagerie.

Sa Sainteté est ensuite allée visiter la monnaie des médailles. Elle a examiné dans le plus grand détail toutes les opérations qui précèdent le monnayage des médailles, c'est-à-dire les forges, les laminoirs, les découpoirs pour la préparation des flancs. Arrivée en présence des balanciers, la première médaille en or qui a été frappée et qui lui a été présentée par M. Denon, directeur de la monnaie des médailles, représente sa Sainteté coiffée de la tiarre et revêtue des habits pontificaux, avec cette légende: *Pius VII. P. M. hospes Napoleonis Imp.* Au revers, on lit cette inscription: *En janvier MDCCCV, S. S. Pie VII a visité la monnaie des médailles.*

La seconde médaille frappée représentait de même le Saint-Père, et au revers, la Cathédrale de Paris, avec cette légende : *Imperator sacratus*, et à l'exergue, *Parisiis*, 2 *déc.* *MDCCCIV*, *XI frimaire an XIII*.

Le directeur a fait ensuite frapper la grande médaille du couronnement de sa majesté l'empereur, qu'il a de même remise au Saint-Père.

Le monnayage des deux premières médailles a continué, et sa Sainteté les distribuait à toutes les personnes de sa suite.

Le directeur l'a conduite après, dans le cabinet où sont placés tous les carrés et poinçons des médailles frappées en France depuis Louis XII, jusqu'à l'Empereur Napoléon. Sa Sainteté a vu avec un vif intérêt cette riche collection, peut-être unique, ou au moins la plus considérable de l'Europe.

Le 9, après la visite à l'église de Saint-Étienne-du-Mont, dont nous avons parlé au chapitre précédent, le Saint-Père est allé à la manufacture des Gobelins, où il a été reçu et conduit dans les divers ateliers par MM. Fleurieu, intendant des bâtimens, et Guillaumot, administrateur de la manufacture.

Sa Sainteté a été conduite d'abord dans les ateliers de Basse-lisse ; on lui a fait connaître tous les détails que présente ce genre de fabrication, et les améliorations apportées, soit par le célèbre Vancanson pour faire mouvoir ces métiers, soit par le chef d'atelier Neilson, pour déterminer les contours et conserver aux arts des tableaux précieux. Divers métiers disposés verticalement lui ont prouvé que si cette partie avait, dans l'enfance de l'art, dégradé, détruit en quelque sorte les aimables productions des Desportes et des autres peintres de ce genre, elle pouvait actuellement nous consoler de leur perte en les reproduisant avec autant de vérité que de fraîcheur. Pour mettre sa Sainteté en état de juger parfaitement des couleurs qui servent à former la palette de l'artiste tapissier, on avait préparé dans les ateliers de teinture, plusieurs nuances en soie et en laine, qui ont été terminées sous ses yeux, et dont elle a paru examiner avec plaisir la beauté des couleurs et la parfaite harmonie de leur dégradation. Dans les magasins de laine et de soie teintes, elle a été étonnée de cette prodigieuse variété de nuances qui, disposées dans le meilleur ordre, offrent par la seule opposition des clairs aux bruns, des effets de coloration très-piquans et très-curieux. Mais c'était sur-tout dans les ateliers de Haute-lisse que le Saint-Père devait trouver des résultats plus étonnans encore, que n'avaient pu deviner les Soufflot, les Lebrun, les Mignard, et qu'il était réservé au génie de M. Guillaumot d'obtenir et de concentrer dans ce célèbre établissement.

On a fait voir à sa Sainteté les métiers qui existaient sous la direction de ces artistes célèbres, et on lui a offert ensuite les changemens successifs qui y ont été apportés jusqu'à la construction de ces derniers métiers qui semblent être le dernier degré de la perfection, soit pour les avantages qu'ils offrent dans le travail, soit pour la conservation du tableau.

Parmi les nombreux sujets exposés dans la galerie et dans les salons, sa Sainteté a paru remarquer avec plus de plaisir l'*Enlevement d'Orythie*, d'après M. Vincent, par M. Claude père, un des plus habiles artistes de cette manufacture, tableau qu'il a consenti le premier a exécuter entièrement en laine et dans le sens droit; *Zeuxis choisissant des modèles*, d'après M. Vincent, *et la mort de Léonard de Vinci*, d'après M. Ménageot, sujets d'une grande importance par le nombre des figures, et la perfection des détails. Quoique le Saint-Père ait vu avec beaucoup de soin toutes les pièces en exécution, il a paru s'arrêter avec une attention et une complaisance particulière devant le *Méléagre entouré de sa famille*, d'après M. Ménageot. On y trouve en effet tout ce que cet art peut apporter de plus parfait dans la traduction d'une chose aussi belle: finesse dans les tours, pureté dans les formes, éclat, fraîcheur, transparence dans les chairs, tout se trouve réuni dans ce tableau, qui fait le plus grand honneur à M. Laforêt, premier artiste-ouvrier de la manufacture des Gobelins.

La vive satisfaction qu'a éprouvée sa Sainteté pendant toute cette visite, a été bien partagée par les personnes dont elle était accompagnée. Elles ne pouvaient se lasser d'admirer ce genre d'industrie vraiment nationale, qui, portée au plus haut point de perfection par les soins de M. Guillaumot, ne doit plus prétendre qu'à l'honneur de transmettre à la postérité les hauts faits et les actions mémorables qui caractérisent la grande époque où nous vivons.

Sa Sainteté a vu travailler tous les

uvriers, depuis ceux qui teignent la laine jusqu'à ceux qui mettent la dernière main aux tapisseries. Elle a considéré ensuite avec satisfaction quelques-uns de ces beaux ouvrages qui offrent des sujets religieux, ou qui rappellent des traits mémorables de notre histoire. Mais quelqu'intérêt que mit le Souverain Pontife à observer ces belles productions des arts, son cœur était sans cesse attiré par les fidèles qui lui demandaient sa bénédiction.

La grande galerie sur-tout a offert un tableau auprès duquel pâlirait tout le génie des peintres. Le côté opposé aux tapisseries était occupé par trois rangs de dames, ayant presque toutes leurs enfans sur leurs bras ou à genoux devant elles: sa Sainteté n'a vu dans cette galerie, que les enfans qu'on lui présentait. Rien n'est plus difficile à exprimer que la bonté, la satisfaction, la tendre charité du Saint-Père dans ces circonstances.

Le 12 janvier, le Saint-Père visita l'Hôtel-Dieu. A l'instant de son arrivée au-devant du nouveau portail de cet hospice, le conseil général d'administration des hôpitaux et hospices civils de Paris, la commission administrative de ces mêmes établissemens, l'agence des secours à domicile ; les agens et économes, les médecins et chirurgiens de l'Hôtel-Dieu, sont descendus pour recevoir sa Sainteté à la sortie de voiture, et dès ce moment ont composé son cortège.

A l'entrée du Saint-Père sous le premier péristyle, le Préfet de la Seine, président du conseil général d'administration lui adressé la parole en ces termes :

Très-Saint-Père,

» Comme Pontife suprême de la religion chrétienne, vous venez visiter ceux que le fondateur de cette religion nommait ses frères ; vous venez leur dire qu'ils sont aussi les vôtres ; vous venez les consoler par votre présence.

» Comme souverain législateur et providence visible des états que vous gouvernez, et où votre Sainteté entretient de si nombreux et de si beaux modèles de toutes les institutions charitables, un pieux intérêt vous portera sans doute aussi à desirer de connaître de quelle manière s'exerce dans cette autre contrée de l'Europe le ministère de la bienfaisance publique : et portant alors sur nous des regards de bienveillance, votre Sainteté ne refusera pas de nous donner pour récompense de nos soins des encouragemens ou des leçons. »

Le Saint-Père a témoigné dans sa réponse, qu'il voyait toujours avec un égal intérêt les pauvres et ceux qui se consacrent à leur service.

Sa Sainteté a été conduite dans la chapelle qui avait été préparée dans le bâtiment neuf; elle y a été reçue par son éminence le cardinal archevêque de Paris, son clergé et les chapelains de l'Hôtel-Dieu.

Après la prière, sa Sainteté s'est placée sur son trône, et a reçu les présentations qui lui ont été faites de tous les membres et agens de l'administration des hôpitaux. Sa Sainteté a particulièrement accueilli avec beaucoup de bonté les sœurs hospitalières, tant de l'Hôtel-Dieu que des autres maisons, qui s'y étaient réunies pour jouir du bonheur de voir le Souverain Pontife.

Pendant ces présentations, plusieurs demandes ou adresses ont été remises à sa Sainteté.

Le Saint-Père a ensuite commencé sa visite dans l'intérieur de l'hôpital; les grandes salles de saint Charles, du Rosaire, saint Côme, sainte Marthe, sainte Jeanne, sont les seules que sa Sainteté ait eu le tems de visiter; elle était attendue dans un autre établissement de cette capitale. Sa Sainteté a été vue par tous les malades qui habitaient ces salles; tous ont reçu ses bénédictions. Sa Sainteté a paru satisfaite de la bonne tenue des salles, de la propreté et du bon ordre qui y règnent.

Après la visite, sa Sainteté est venue se reposer un instant dans la salle d'administration, d'où elle a été reconduite jusqu'à sa voiture, de la même manière qu'elle avait été reçue à son arrivée.

Le même jour, sa Sainteté se rendit à la manfacture de vernis sur métaux, rue Martel, N°. 15. Elle y examina avec le plus grand intérêt, le jeu des balanciers, la forge, la fonderie, l'atelier des ciseleurs, les vernisseurs, les peintres, les marbriers. Sa Sainteté a paru étonnée de la quantité des ouvrages fabriqués et de la perfection d'imitation des marbres de toute espèce. Les administrateurs de cet établissement ont eu l'honneur de lui offrir son portrait gravé en or sur un vase imitant le porphyre.

Le 16, le Saint-Père visita la Bibliothèque-Impériale, et y fut reçu par M. Gosselin, administrateur et conservaleur de cette bibliothèque, qui lui adressa un discours.

Le Saint-Père, après avoir témoigné sa satisfaction des sentimens qui y étaient exprimés, a commencé à parcourir les premières salles; mais ses pas ont été bientôt retardés par un grand nombre de fidèles, rangés en haie, qui se mettaient à genoux à mesure qu'il avançait. Sa Sainteté a continué sa marche en leur donnant son anneau à baiser, jusqu'à la porte du cabinet des médailles, où sa Sainteté a été reçue par M. Millin, conservateur, qui lui a présenté les objets les plus précieux.

Sa Sainteté a examiné avec beaucoup d'intérêt plusieurs pierres gravées et un grand nombre de médailles.

Le Saint-Père a continué ensuite de parcourir les grandes salles; il y a encore trouvé des fidèles, principalement des dames qui attendaient sa bénédiction. Arrivé à la dernière salle des livres imprimés, MM. Caperonier et Van-Praet, conservateurs lui, ont présenté

senté plusieurs livres rares. Ceux qui ont fixé le plus l'attention de sa Sainteté, sont la Bible sans date, imprimée à Mayence, en 1456; la Bible imprimée dans la même ville et portant la date de 1462; le *Pline* imprimé à Venise en 1469, remarquable par la beauté de l'exécution typographique ; les premières éditions de *César*, de *Virgile*, d'*Apulée*, d'*Aulugele*, publiées à Rome en 1469; le *Saluste*, premier ouvrage imprimé à Paris en l'année 1471 ; la première édition d'*Homère*, imprimée sur du magnifique vélin, à Florence, en 1486 ; *les Mystères de la Passion*, avec des personnages en belles miniatures, imprimés à Paris, à la fin du quinzième siècle ; *il monte santo di Dio*, imprimé à Florence, en 1477, dans lequel se trouvent les premières gravures en taille douce. Le *Lactance*, imprimé en 1465, dans l'abbaye des Bénédictins de Soubiaco, premier ouvrage imprimé en Italie, a offert un double intérêt à sa Sainteté.

Elle a aussi considéré avec beaucoup de plaisir un exemplaire de la *Cité de Dieu*, de saint Augustin, imprimé à Rome, en 1467, sur lequel on lit ces mots : *Ce livre appartient au roi François premier de ce nom*, écrit de la main de ce prince.

Le Saint-Père a passé ensuite dans les salles des manuscrits. MM. Langlet, Dutheil et Dacier, conservateurs des manuscrits orientaux, grecs, latins et français, ont présenté successivement au Saint-Père ce qu'il y a de plus curieux dans les dépôts qui leur sont confiés. Sa Sainteté a remarqué particulièrement la copie d'une inscription chinoise, trouvée par le père Ricci, qui prouve que le christianisme avait été introduit à la Chine au septième siècle ; un *Pentateuque* hébreux, du huitième au neuvième siècle ; le poëme composé par le dernier empereur de la Chine, en tartare mantechoux ; les *Épitres de saint Paul*, en grec, du neuvième siècle ; la *Bible latine* de

Charles-le-Chauve, avec des figures coloriées, seul monument qui donne une idée de la pourpre antique. Sa Sainteté a examiné avec un plaisir particulier les *Heures* d'Anne de Bretagne, ayant à chaque page une plante coloriée, avec ses fleurs ou ses fruits et ses insectes parasites : les *Heures* de Louis XIV, d'une très-riche exécution, ont fixé aussi l'attention de sa Sainteté ; elle l'a aussi portée sur un manuscrit du *Télémaque*.

Le Pape a terminé sa visite dans cet immense dépôt des connaissances et de l'industrie humaines, par le cabinet des estampes et planches gravées. M. Joly, conservateur, a montré à sa Sainteté ce que nous avons de plus remarquable dans cet art, où la France s'est particulièrement distinguée.

Sa Sainteté, en quittant la Bibliothèque, a témoigné une bienveillance et une satisfaction particulières à MM. les administrateurs et conservateurs ;

ils se sont présentés successivement au Saint-Père, et ont eu l'honneur de baiser son anneau.

La veille, sa Sainteté était allée visiter l'établissement des Mines. Elle a examiné avec intérêt les belles collections de minéraux.

Le conseil des Mines a présenté au Pape les ingénieurs en ce moment à Paris, et la médaille de Hartz, frappée de l'argent des mines de ce pays en l'honneur de l'empereur, d'après le vœu de l'armée française de Hanovre, et celui de vingt-cinq mille mineurs du Hartz, en reconnaissance de la protection dont sa majesté a daigné honorer leurs industrieux travaux.

Sa Sainteté a bien voulu témoigner sa satisfaction au conseil des Mines, de la réception qui lui a été faite.

Le 30 janvier, le bureau des Longitudes a eu l'honneur de présenter à sa Sainteté *la Connaissance des Tems*. M. De Lalande, portant la parole, a dit :

Très-Saint-Père,

« Si parmi les corps de l'état qui ont eu l'honnneur de présenter leurs respects à votre Sainteté, le bureau des Longitudes n'a pas été des premiers, c'est qu'il voulait y joindre l'hommage d'un livre qu'il a l'honneur de vous présenter.

» Cet ouvrage, très-Saint-Père, est sur-tout important pour la marine; mais votre Sainteté ne peut manquer de s'y intéresser : c'est ce grand art de la navigation, qui réunissant toutes les parties de l'univers, étend l'empire de la religion et celui de votre Sainteté dans les pays les plus lointains.

» Vos missionnaires, parmi lesquels il y a toujours des astronomes, en auront besoin pour aller exécuter vos ordres dans un autre hémisphère. A l'égard de l'astronomie, votre Sainteté y trouvera des observations faites à Rome, sous ses yeux, par ses ordres et par des astronomes qu'elle honore de ses bontés.

» Nous en profiterons, très-Saint-Père, pour vous remercier des bontés que votre Sainteté vient de témoigner à ces astronomes du collège romain : ils avaient besoin d'instrumens, et vous avez donné ordre de les construire ; nous avions lieu de les espérer des lumières qui vous distinguent, et de la protection que les souverains éclairés ont toujours accordée à cette belle science, et spécialement les souverains Pontifes, comme le prouve la belle méridienne de Rome, et la grande carte tracée au travers des états de l'église.

» Je me félicite, très-Saint-Père, d'être aujourd'hui l'organe du bureau des Longitudes. J'avais eu déjà des motifs de paraitre aux pieds de votre Sainteté, pour lui parler de choses qui pouvaient l'intéresser : vous m'aviez reçu avec une bonté si flatteuse, que j'attendais avec impatience l'occasion de renouveller à votre Sainteté les marques de mon respect, de mon admiration et de ma reconnaissance. »

Le 31, le Saint-Père est allé visiter l'Imprimerie Impériale, accompagné de M. le cardinal archevêque de Paris et de plusieurs prélats. Sa Sainteté ayant entendu un discours prononcé en latin, par M. Marcel, directeur, membre de la légion d'honneur, y a répondu dans la même langue avec beaucoup de bienveillance. Ce discours était relatif aux monumens typographiques que le Saint-Père allait visiter et qu'il a examinés dans le plus grand détail, en écoutant avec beaucoup d'attention les explications qui lui étaient données, en langue italienne, par M. le directeur. Les matières premières de la typographie dans leur état de fonte et de manipulation, les poinçons et matrices des divers caractères russes, allemands, grecs, chinois, arabes, etc. lui ont été successivement présentés. Il a vu avec satisfaction les épreuves de l'impression des feuilles, des gravures de tout genre, et son portrait sortir ressemblant. Il a paru, sur-tout, accueillir avec satisfaction l'hommage qui lui a été fait de l'exemplaire de l'*Oraison Dominicale* en cent cinquante langues, sortant des presses impériales, et qu'on a décoré devant lui de ses armes. C'était en effet l'offrande la plus digne d'être agréée par le pieux chef de l'église chrétienne. Sa Sainteté a reçu cet exemplaire, et l'a remis à l'un des prélats de sa suite. Les salles, les passages et issues étaient remplis de fidèles de tout âge et de tout sexe, qui ont été admis, les uns à baiser les pieds, et les autres l'anneau de sa Sainteté.

Les objets qui ont le plus particulièrement fixé l'attention de sa Sainteté, sont 1°. les poinçons des caractères grecs de Garamont, gravés par ordre de François premier, et que l'Angleterre a plus d'une fois témoigné nous envier; 2°. ceux des gros caractères arabes, gravés sous Louis XIII, par les soins de M. Savari de Brèves, ex-ambassadeur d'Henry IV, à la Porte Ottomane. Le travail de ces derniers poinçons est si parfait, que Firmin Didot, graveur de l'imprimerie impériale, s'étonnant qu'on eût pu à l'époque de leur fabrication, réunir la hardiesse à la plus grande élégance et à la finesse des traits, aima mieux réparer les matrices que de retoucher ceux des poinçons qui avaient été détériorés.

Le Saint-Père a aussi examiné avec beaucoup d'attention toutes les gradations dans l'ordre des poinçons et caractères, depuis ceux de trois pouces, jusqu'à ceux qui ne formant que le tiers d'une ligne ou d'un millimètre, sont à peine apperçus.

Le Saint-Père a vu avec un égal intérêt les 137,000 caractères chinois, gravés par ordre de Louis XV, et par les soins de M. de Fourmont. Ce sont les mêmes caractères qui servirent à l'impression d'un dictionnaire, en langue chinoise, fait par ordre du gouvernement. Il a distingué aussi quelques manuscrits orientaux précieux, et du nombre des deux mille rapportés d'Égypte par M. Marcel.

Sa Sainteté, en parcourant les galeries où s'exécutaient les travaux typographiques relatifs à la composition, a jeté ses regards principalement sur les ouvrages qu'on composait en langues orientales, et sur les cent cinquante presses, de chacune desquelles sortait une épreuve de l'Oraison Dominicale dans des langues toutes différentes entr'elles.

Enfin le Saint-Père a paru remarquer la présentation qui lui a été faite par M. Marcel d'un recueil de vers en dix langues, la plupart européennes, imprimé sur satin, et entouré de vignettes en or.

Ces vers sont consacrés à l'éloge du souverain Pontife, ou à des sujets pieux.

Le 5 février, le Saint-Père a visité la manufacture des glaces du faubourg Saint-Antoine, où il a été reçu par les administrateurs et le directeur, M. de Naurois, membre du corps-législatif, qui l'ont accompagné dans les divers ateliers de ce superbe établissement, que le Saint-Père a parcourus avec intérêt. Toutes les précautions prises pour maintenir le bon ordre n'ont pu empêcher la multitude de se précipiter en foule sur les pas de sa Sainteté en sollicitant à genoux sa bénédiction apostolique.

Le 13, le Saint-Père a été visiter l'Hôtel des Monnaies. Il a été reçu au bas de l'escalier par MM. les administrateurs et M. le commissaire impérial, et a été d'abord conduit dans la salle d'assemblée d'administration, où M. Guiton de Morveau, l'un des administrateurs, lui adressa un discours en présence de MM. les administrateurs et de la suite de sa Sainteté.

Le Saint-Père a été conduit ensuite

à la fonderie où il a vu couler l'or et l'argent : il est entré dans le lieu où sont les laminoirs et les découpoirs ; il a vu ces opérations mécaniques avec beaucoup d'intérêt, et particulièrement les ingénieuses machines à cordonner, tant anciennes que modernes. De là, il est descendu au monayage, où avaient été admises environ trois cents personnes qui désiraient recevoir la bénédiction de sa Sainteté.

Le Pape ayant vu travailler les balanciers et frapper des pièces, tant en or qu'en argent, est allé visiter le cabinet de minéralogie, dirigé par le célèbre chimiste M. Sage, qui a employé 50 ans à former cette collection, regardée aussi comme la plus complette de l'Europe.

Le Saint-Père a examiné avec beaucoup de plaisir, plusieurs expériences chimiques que ce savant a faites en sa présence, et sur-tout la combustion du fer dans l'air vital, qui produit un effet très-surprenant, que l'on pourrait comparer au feu d'artifice le plus varié.

M. Sage a introduit ensuite sa Sainteté dans le cabinet d'arts, où sont réunis des monumens antiques très-précieux.

Le Saint-Père a remarqué avec un grand intérêt une petite statue grecque d'une très-haute antiquité, dont la tête, les mains et les pieds sont en argent, et un buste de Cicéron, dont le corps est en améthiste, et la tête en albâtre, de la plus belle conservation.

Sa Sainteté s'est retirée très-satisfaite de cet établissement. L'ordre qui y a régné lui a permis de tout examiner; et cependant son cœur paternel y a trouvé aussi le plus touchant et le plus respectueux empressement de la part des fidèles.

Le lendemain le Saint-Père a visité le Conservatoire des Arts et Métiers. Il a été reçu par MM. Mongolfier, Molard et Conté, administrateurs de cet établissement.

L'attention de sa Sainteté a été souvent détournée du but qu'elle s'était proposée en visitant le Conservatoire ; par l'empressement d'une multitude de fidèles accourus des différens points de la capitale pour recevoir sa bénédiction paternelle.

Le regards de sa Sainteté se sont portés d'abord sur une machine de M. Richer, qui a servi à la fabrication du papier-monnaie, et qui, en imprimant le texte, imprime en même tems tous les nombres; sur une nouvelle machine à graver, de l'invention de M. Conté, employée dans l'exécution de l'ouvrage de la commission des arts en Egypte; sur une machine à diviser les cercles pour la construction des instrumens d'astronomie, et en général pour tous ceux qui exigent une précision mathématique. Cette machine est combinée de manière que les divisions s'opèrent régulièrement par le mouvement simple d'une pédale; sur un tour en l'air, de Vaucanson, au moyen duquel on taille, avec une exactitude précise, les vis, les fusées, les roues d'engrenage; et sur différens tours à figures et à guillocher, de Tobie Mercklein et autres artistes.

Sa Sainteté a remarqué avec beaucoup d'intérêt le tour en l'air du P. Plumier, à qui les arts, et celui du tourneur en particulier, doivent tant de reconnaissance.

Sa Sainteté a examiné ensuite la collection des produits de nos manufactures. Elle a distingué, comme ayant acquis un très-haut degré de perfection, les soies moulinées par MM. Jubier, du département de l'Isère, sur les machines de Vaucanson ; les dentelles, les linons, les toiles cirées les tricots imitant les dentelles.

Le Saint-Père a vu avec la plus grande satisfaction la galerie où sont réunies les machines propres au tirage, dévidage et moulinage des soies, inventées par Vaucanson; un métier du même auteur pour lisser les étoffes façonneés, par un mouvement régulier de rotation, avec une machine à fabriquer des chaînes en fil de fer, dont l'usage est infiniment précieux dans le moulinage de soie; un métier de l'invention de M. Despian, qui dispense l'ouvrier de lancer la navette à la main comme dans les métiers ordinaires.

Sa Sainteté a examiné dans le plus grand détail les machines à filer le coton, les plus parfaites qui existent en Europe. Elle a paru satisfaite des échantillons que les administrateurs ont mis sons ses yeux, depuis le N°. qui comporte 150 mille aunes à la livre jusqu'au fil le plus commun.

Les membres du Conservatoire ont ensuite présenté à sa Sainteté, comme objets utiles aux progrès de nos manufactures, des planches polytipées par M. Straubart, pour l'impression des étoffes; et comme découvertes intéressantes, de nouvelles étoffes de M. Chenavart de Lyon, dont plusieurs échantillons étaient exposés dans la salle des séances de l'administration ; l'écluse à sas mobile, de MM. Solage et Bossut, qui économise, dans les canaux de navigation, les 99 centièmes d'eau ; le belier hydraulique de M. Mongolfier; une nouvelle machine hydraulique de M. Conté, un instrument de M. Molard, pour couper la tôle et autres métaux laminés ; les conduites d'eau en pierres factices, de M. Fleuret ; les lampes des frères Girard, de Carcel, de Joly, etc.

Enfin au milieu d'une multitude innombrable d'objets de tous genres, déposés dans les galeries que sa Sainteté a parcourues, elle a sur-tout donné une attention particulière à tous ceux qui intéressent plus directement la prospérité publique, et qui ont trait à l'agriculture, au commerce et aux progrès des connaissances humaines.

Le 23 février, le Saint-Père a visité l'institution des Sourds-Muets. Sa Sainteté a d'abord béni la nouvelle chapelle de cette maison. Elle est ensuite descendue dans la salle des exercices, où l'on avait préparé son trône et des sièges pour les cardinaux. M. Sicard, parlant au nom des administrateurs, lui a adressé un discours. Il a exposé ensuite les principes de sa méthode; il s'est hâté de la mettre en action. Des sourds-muets, à qui on a présenté une clef, en ont écrit le nom en trois langues différentes. L'un d'eux a montré par quel signe il séparait la qualité du sujet, comment il en désignait la liaison, et comment la liaison est réellement le verbe unique. Il a marqué par des signes très-précis, la différence des tems; et, passant à une application difficile des principes généraux, il a indiqué clairement la gradation qui existe entre différens verbes presque synonimes; il en a conjugué un dans l'idiôme des sourds-muets, et l'a écrit en même tems dans notre langue.

M. Sicard a présenté ensuite à sa Sainteté un petit ouvrage qui vient de paraître, et l'a priée d'indiquer un passage qu'un sourd-muet allait dicter à un autre. Le Saint-Père a ouvert le livre au hazard, l'un des élèves a dicté;

et la pantomime admirable avec laquelle il traduisait les paroles, les rendait réellement visibles; un autre élève les a écrites correctement sous sa dictée.

Cette expérience a été suivie d'une autre non moins curieuse. Un des administrateurs, M. Desfaucherets, a remis à M. Sicard une tabatière, sur laquelle un jeune sourd-muet a peint en mosaïque les armoiries du Saint-Père. M. Sicard a paru considérer la boëte avec attention; il a appellé le jeune artiste dont elle est l'ouvrage. Ce jeune homme est allé se prosterner aux pieds du Saint-Père, et lui a présenté cette boëte, dont sa Sainteté a daigné recevoir l'hommage. Cette scène, à l'instant où elle s'est passée, a été décrite à la fois par deux jeunes demoiselles et deux jeunes élèves, tous quatre sourds-muets; ils ont tous également bien exprimé le fait, quoique d'un style extrêmement différent. Mais ce qu'il y a de plus admirable, une jeune personne à qui la nature a prodigué tous ses dons, comme pour la dédommager de ne pas entendre, mademoiselle de Saint-Séran, née sourde-muette, a lu très-distinctement ce que ses compagnes venaient d'écrire. Elle a ensuite écrit elle-même en langue italienne, un compliment adressé au Saint-Père. Une autre jeune personne, moins âgée encore et non moins intéressante, mademoiselle Robert, a écrit de son côté un autre compliment en italien. L'une et l'autre ont ensuite figuré par des signes les mots qu'elles venaient d'écrire.

Le compliment de mademoiselle de saint-Séran offrait cette pensée: « Jésus-Christ aimait les enfans; votre Sainteté les aime comme lui; vous daignez jeter des regards de bonté sur des sourds-muets, je me félicite d'avoir recouvré la parole, pour être l'interprète des sentimens de ceux dont je partage l'infortune; et je vous exprime en leur nom, leur respect, leur admiration, leur amour et leurs vœux pour la conservation de vos jours. Très-Saint-Père, si votre vie était prolongée autant qu'elle est nécessaire au monde, votre Sainteté serait immortelle. »

M. l'abbé Sicard a présenté à sa Sainteté M. l'abbé Salvan, second instituteur des Sourds-Muets.

Le premier mars, M. Vaudoyer, ancien pensionnaire de l'académie de France à Rome, membre de la société académique des sciences, lettres et arts de Paris, et architecte des travaux publics, a été admis à l'honneur de présenter à sa Sainteté un projet de sa composition pour achever l'église de la Magdeleine, comme temple de la religion catholique, sa première destination. Il lui a adressé en italien, un discours dans lequel il a retracé l'heureux rétablissement de la religion par sa majesté impériale; combien les fidèles se sont rapprochés des devoirs de cette religion depuis que sa Sainteté est venue en France les éclairer de ses vertus exemplaires, et prier avec eux au milieu de leurs temples. Il y a exposé, qu'il lui paraissait convenable de terminer l'église commencée pour en faire la paroisse impériale de St.-Pie ( V$^{me}$ du nom ), l'un de ses prédécesseurs, et combien il serait désirable de voir sa Sainteté poser la première pierre de cette nouvelle basilique chrétienne, cérémonie auguste qui deviendrait aussi mémorable dans les fastes de la religion, que glorieuse pour la France.

Le Saint-Père amateur et protecteur zélé des beaux arts, a accueilli avec intérêt et bonté l'hommage que M. Vaudoyer lui a fait de son ouvrage ; et comme il y retrouvait l'idée de l'escalier intérieur de la cathédrale d'Imola et des proportions du Panthéon de Rome, il s'est entretenu avec cet artiste sur l'heureux effet de l'église d'Imola dont il avait été évêque, des travaux qu'il avait ordonnés avant son départ et qu'il se proposait de faire poursuivre à Rome, pour découvrir le piédestal intérieur du Panthéon enfoui depuis des siècles.

Le même jour, sa Sainteté a visité l'Hospice des Quinze-Vingts. C'est le nom antique de cet asile que St.-Louis fonda à son retour d'Egypte, pour ceux de ses compagnons d'armes qui avaient perdu la vue. Leurs trois cents successeurs étaient réunis dans leur chapelle; et ils y ont reçu la bénédiction du Saint-Père au milieu d'un grand nombre de personnes empressées de la partager avec eux.

Sa Sainteté est entrée ensuite dans la salle destinée aux exercices des jeunes aveugles nés, que l'on élève dans cet hospice. Un trône était préparé pour elle; et dès qu'elle s'y est placée, M. Desfaucherets, l'un des administrateurs, l'a haranguée en ces termes.

Très-Saint-Père, « la charité paternelle qui vous caractérise, heureuse du bien qu'elle fait, et avide du bien qu'elle peut faire, vous a seule conduit, jusqu'à présent dans les asiles de la douleur et dans le refuge de l'infortune.

» A ces motifs si puissans sur votre cœur, la religion, dont vous êtes le chef auguste, ajoute un intérêt nouveau pour vous appeler dans cet hospice qui jouit aujourd'hui de votre présence.

» Un roi à qui ses vertus ont donné une longue mémoire, et sa profonde piété la gloire céleste, en fut le fondateur. Sa justice et sa reconnaissance y rassemblèrent des héros que l'amour de la religion avait entraînés avec lui par de-là des mers, et qui avaient tout sacrifié pour arracher aux mains des infidèles le berceau de l'église. Aussi, toujours cher aux souverains-pontifes, cet hospice reçut de vingt-deux papes des preuves particulières d'affection, et votre Sainteté a mis le comble aux faveurs qu'il a reçues, en lui procurant un avantage qu'il n'avait pas encore connu, la présence du chef de l'église et du successeur de tous ses bienfaiteurs spirituels.

» Le gouvernement français qui,
dans

dans un bien établi, trouve des moyens d'en établir un nouveau, a complété cet établissement en y réunissant l'instruction à la bienfaisance; il a placé dans cette enceinte ces enfans qu'une cécité naturelle semblait condamner à d'éternelles douleurs : et par l'industrie qu'il leur procure, il leur assure des secours contre le malheur et contre l'oisiveté qui est le premier de tous.

» C'est cette industrie dont votre Sainteté va voir les développemens, ce sont les essais de ces ouvriers infortunés, qu'elle va encourager par ses regards : elle va répandre sur les travaux des enfans aveugles la bénédiction qu'elle a versée sur les travaux des sourds-muets. Cette époque sera pour eux tous la gloire du présent, l'entretien de l'avenir; et les mêmes administrateurs à qui le gouvernement a remis la tutelle de ces deux familles, trouvent une nouvelle récompense de leurs soins dans l'honneur de vous recevoir une seconde fois, et dans le bonheur que votre présence et votre bonté vont faire gouter à tous les habitans de cette maison. »

Ce discours à été vivement applaudi. M. Bertrand, directeur de l'institution des aveugles-nés, a offert ensuite à sa Sainteté l'hommage de ces infortunés: il lui a exprimé avec sensibilité combien sa présence leur causait de joie; il a exposé les principes de la méthode que l'on suit dans leur instruction. C'est par le sens du toucher qu'on supplée à celui de la vue.

Des caractères en relief forment des lettres, des chiffres et des notes de musique: les aveugles apprennent par le tact, la lecture, l'arithmétique et la musique. On a présenté au Saint-Père les livres élémentaires, imprimés en relief. Ce sont des cathéchismes et des grammaires. Deux jeunes élèves ont été appelés : l'un, ouvrant un cathéchisme, a lu avec les doigts les demandes, et l'autre a fait les réponses; pendant cette scène, un autre élève écrivait sur une feuille de papier avec un poinçon, et par un mécanisme aussi simple qu'ingénieux, il a fait à la fois deux copies, l'une en relief pour les aveugles, et l'autre en noir pour les clair-voyans.

Le chœur des aveugles musiciens a successivement exécuté dans les intervalles des exercices, le premier fragment de l'oratorio de Haydn, et le *Kyrie Eleison* de Gossec. Un élève, aveugle-né, a répondu à plusieurs questions sur une partie des mathématiques transcendantes, et a paru très-instruit dans la théorie des fonctions analytiques inventée par le célèbre la Grange. D'autres aveugles ont imprimé, à la vue du public, quelques phrases, soit en relief soit en *plan*. Une petite fille de six ans, aveugle de naissance, a récité un compliment en vers, adressé à sa Sainteté et composé par un autre personne aveugle comme elle. Tous les élèves ont offert des essais de leur travail, tels que des bourses, des rubans et des boîtes, soit en paille, soit en carton.

On a présenté à l'un des élèves des cartes de géographie, gravées en relief. Il a reconnu parmi elles les parties du monde, sur lesquelles on l'a interrogé : un des spectateurs a desiré savoir de lui quelles sont les principales villes de l'Italie. L'aveugle en a nommé trois, Rome, Milan et Naples. On lui a demandé alors, si cette presqu'isle ne renfermait pas d'autres villes remarquables: « il en est une très-remarquable, a répondu l'aveugle; c'est Césenne, illustrée par la naissance de l'immortel PIE VI, et par celle de l'auguste Pontife qui daigne aujourd'hui nous accorder le bienfait de sa présence. » Cet hommage a flatté d'autant plus le Saint-Père qu'il s'adressait en même tems à son prédécesseur, dont il chérit tendrement la mémoire; et ce souvenir recevait un nouvel intérêt de la présence de M. le cardinal et de M. le duc de Braschi.

Un chœur de voix et d'instrumens

a exécuté ensuite un hommage en vers adressé au Saint-Père. M. Bertrand a terminé la séance, en demandant au nom de ses élèves, la bénédiction du souverain Pontife : tous les spectateurs se sont mis à genoux, et le Saint-Père a béni l'assemblée. Sa Sainteté est delà montée à l'infirmerie, où on lui a fait remarquer un jeune aveugle-né qui nourrit sa mère infirme du produit de son travail : le Saint-Père lui a adressé des paroles de consolation, ainsi qu'à quelques autres malades, et leur a donné à tous sa bénédiction.

Sa Sainteté a témoigné une vive satisfaction a MM. Desfaucherets, Duquesnoi, Bonnefons, Sicard et Mathieu de Montmorency, administrateurs de cet établissement, ainsi que de celui des Sourds-Muets, et à M. Bertrand, premier instituteur des aveugles.

Ce même jour encore, le Saint-Père a accordé une audience particulière au comité central de Vaccine. M. Guillotin, président, a présenté à sa Sainteté un exemplaire du rapport du comité sur cette nouvelle méthode préservative de la petite vérole, et lui a adressé un discours dont le Saint-Père a bien voulu lui demander le manuscrit ; en voici le texte :

Très-Saint-Père,

« Le comité central de vaccine, formé par une société de citoyens amis de l'humanité, et protégé par le gouvernement, vient rendre ses hommages à votre Sainteté. Pénétré de vénération pour votre sagesse et vos vertus, le peuple français fait entendre continuellement en votre honneur un concert de louanges méritées. Ce n'est pas seulement, très-Saint-Père, pour joindre notre faible voix à la sienne, pour admirer avec lui cet air de bonté céleste qui anime tous vos traits, et qui inspire tout à-la-fois le respect et l'amour, que nous nous présentons aux pieds de votre Sainteté; c'est aussi pour lui offrir le juste tribut de reconnaissance que nous lui devons pour la protection qu'elle daigne accorder à la vaccine.

» Vous ne l'ignorez pas, très-Saint-Père, il n'y a plus aucun doute sur la réalité, ni sur l'importance de cette étonnante découverte. Les savans de tous les pays reconnaissent comme des vérités incontestables, que la vaccine n'est qu'une légère indisposition plutôt qu'une maladie; qu'elle n'est jamais contagieuse, et que toujours elle préserve de la petite vérole. Dans cette foule innombrable de vaccinations pratiquées, tant en France que dans les pays étrangers, nous n'avons pas encore, malgré les recherches les plus scrupuleuses, constaté un seul fait qui contredise ces vérités, tandis qu'il est bien moralement démontré que cette précieuse méthode a déjà sauvé la vie à des milliers d'individus ; qu'elle la sauvera par la suite à des millions d'hommes qui auraient infailliblement péri victimes de la petite vérole, et qu'enfin, avec des efforts constans et soutenus, on pourra parvenir à l'extinction totale de cette cruelle maladie. Jamais vérité physique n'a donc été plus exactement constatée, plus solidement établie, ni plus universellement adoptée. Jamais par conséquent il n'y eut de découverte, ni plus utile, ni plus belle. Monseigneur le cardinal Légat, dont nous révérons depuis long-tems les talens et la sagesse, qui a mérité la confiance de votre Sainteté, et qui l'a si bien justifiée, a été témoin assidu de nos succès, et a daigné nous en entretenir souvent avec intérêt. Forts de son suffrage, instruits des dispositions favorables de votre Sainteté et de son clergé, pour cette utile découverte, nous osons lui demander la continuation de cette bienveillance qui doit contribuer non seulement au bonheur du peuple confié à ses soins, mais encore à celui de toute la chrétienté. Chef suprême de la religion et du gouvernement dans vos états, votre autorité sacrée exerce une double influence, dont la sage direction double aussi les salutaires effets. Père commun des fidèles, tous se feront un devoir de suivre vos exemples. Déjà un grand nombre d'évêques, et tout récemment encore, l'éloquent évêque de Coutances, profitant de l'heureux ascendant que leur donnent leurs talens, leurs lumières et leurs vertus, ont par des instructions vraiment partorales, cherché à dissiper les ténèbres de l'ignorance, à faire tomber le bandeau de l'erreur, et enfin à arracher le masque à l'intérêt hypocrite et à la mauvaise foi. Les pasteurs des campagnes, leurs dignes co-opérateurs dans le saint ministère, les ont entendus, et ont fait participer leurs ouailles aux bienfaits de la vaccine.

» Ils savent que préserver les hommes d'un grand danger, sur-tout quand il menace leurs jours, c'est seconder les vues de la divine providence. C'est ainsi que les ministres des autels s'enpressent de concourir à toutes les mesures de précaution contre les maladies contagieuses, et qu'à la fin du désastre il font entendre le chant sacré de l'allégresse publique. Livourne, Malaga, Cadix, viennent de nous en offrir l'exemple.

» Mais, très-Saint-Père, quelle maladie fut jamais plus contagieuse que la petite vérole ? Cet horrible fléau qui partout et toujours, décime le genre humain, lui est plus funeste en le minant sourdement par une action continue et universelle, que les maladies pestilentielles elles-mêmes, qui, terribles sans doute par leurs effets partiels et momentanés, font cependant, au total, mille fois moins de victimes, et ne laissent point après elle ces cruelles infirmités, ces difformités hideuses qui dégradent l'espèce humaine.

» De quelles maladies est-il donc plus important de se préserver ? Pourquoi ne pas recourir à la vaccine, ce préservatif si facile, toujours sûr et jamais dangereux, pour arriver enfin à l'extinction totale d'une maladie aussi affreuse ?

» Quand nous aurons eu le bonheur de parvenir, avec l'aide du Très-Haut, à cette extinction si désirée, à laquelle nous travaillons sans cesse depuis cinq ans, les prêtres du seigneur, qui font entendre dans nos temples le chant du triomphe après la victoire dans les combats, quoique souvent achetée par tant de sang, par tant de larmes, célèbreront avec nous, par des hymnes en l'honneur de la divinité, une victoire remportée sur la mort même, victoire qui n'aura coûté ni larmes ni regrets.

» Alors, nous n'en doutons pas, le père commun des fidèles entonnera le cantique de louanges et d'actions de graces dans la capitale du monde ; le signal de la reconnaissance donné du haut du Capitole par le chant d'allégresse, retentira dans tout l'Univers.

» Tels sont nos vœux, très-Saint-Père, telles sont nos espérances ; le ciel ne sera pas sourd à la voix de nos cœurs : il l'entendra dans sa bouté. Ce sentiment profond est notre soutien dans nos travaux ; il en est la plus douce récompense. Elle nous sera encore plus chère si votre Sainteté daigne accorder sa protection spéciale à cette sublime découverte, au comité qui en est le plus ardent propagateur, et à ses zélés co-opérateurs. Les peuples à l'envi, béniront votre mémoire, très-Saint-Père ; ils la chériront, et ce sera pour la postérité reconnaissante un nouveau motif ajouté à tant d'autres, de compter PIE VII au nombre des plus grands bienfaiteurs de l'humanité ».

Sa Sainteté a fait l'accueil le plus flatteur aux membres du comité ; elle a dit, en recevant avec bonté l'hommage de leur rapport, qu'elle applaudissait à leurs travaux, et qu'elle prenait l'intérêt le plus vif au succès d'une découverte aussi précieuse et aussi utile à l'humanité, dont les salutaires effets étaient attestés par l'expérience.

Le 4 mars, M. de Cicée, archevêque d'Aix, protecteur des arts et amateur éclairé, présenta au Saint-Père M. Coulon, architecte, qui venait lui faire hommage d'une des productions de son génie, ayant pour but de perpétuer le souvenir précieux du séjour de sa Sainteté en cette capitale.

C'est un dessin sous verre, représentant en perspective l'extrémité d'une galerie, où sur un stylobate décoré de bas-reliefs, est un piédestal surmonté de la statue de sa Sainteté.

Les principales vertus qui caractérisent ce vénérable Pontife, sont placées à chacun des angles du piédestal, telles que la religion, la bienfaisance, la vérité et la candeur.

L'on voit sur deux des faces du stylobate, deux bas-reliefs, dont un représente l'hommage que les habitans de cette capitale sont venus rendre au Saint-Père, le second le concordat.

Les deux autres faces, d'après une

description jointe au dessin, doivent représenter, 1°. Le Saint-Père visitant les malades dans un hospice; 2°. Une inscription tendante à rappeler le séjour de sa Sainteté parmi nous.

Quelques emblêmes ingénieusement placés, doivent offrir aux regards de l'humanité, la justice, le désintéressement et l'étude, autres qualités que nous avons été à portée d'apprécier dans ce respectable Pontife.

L'ensemble de ce dessin fait desirer de voir exécuter ce monument.

Madame Verniquet de la Grange a eu l'honneur de présenter au Saint-Père le plan de la ville de Paris, ouvrage de M. son père.

M. David, graveur, a également fait hommage à sa Sainteté de son estampe du couronnement de l'Empereur.

Le 14 mars, le Saint-Père a visité pour la seconde fois le Muséum d'Histoire Naturelle. Il fut reçu à la porte du jardin, par M. le conseiller-d'État Froucroi, et par MM. les professeurs.

Le Saint-Père a d'abord parcouru les serres chaudes destinées aux plantes qui ne peuvent supporter notre climat pendant aucun tems de l'année. Il a été conduit ensuite dans les serres tempérées où sont rassemblées celles qui qui peuvent supporter la température de Paris pendant six mois.

Le Saint-Père a parcouru de même la ménagerie des animaux paisibles, et celle des animaux féroces, les plus nombreuses qu'il y ait jamais eu en France et peut-être en Europe ; on y compte environ soixante quadrupèdes étrangers et plus de cent espèces d'oiseaux.

Sa Sainteté s'est promenée quelque tems dans le jardin où on lui a fait remarquer l'École de Botanique, la plantation des arbres fruitiers rangés méthodiquement, celle de toutes les plantes économiques et autres.

M. le conseiller-d'Etat, Fourcroi, directeur du Musée, et MM. les professeurs ont eu l'honneur d'accompagner sa Sainteté et de lui faire remarquer la destination des différens objets qu'elle avait sous les yeux.

Le jardin a été fermé tout le tems que sa Sainteté s'y est promenée. Il y avait cependant un assez grand nombre de personnes qui s'y étaient rendues dès le matin : elles s'étaient principalement réunies dans la grande allée du jardin, où elles ont reçu la bénédiction du Saint-Père.

Dans les derniers tems du séjour de sa Sainteté à Paris, on s'est porté en foule à la galerie du Sénat pour y voir le portrait de sa Sainteté, par M. David, membre de l'institut et premier peintre de l'empereur. Ce portrait est, sous tous les rapports, digne de la réputation de ce maître, et non-moins digne de faire partie de la collection à laquelle il doit appartenir, et à laquelle tant de grands peintres ont attaché leur célébrité. Si le premier mérite d'un portrait est une ressemblance parfaite, celui-ci le possède au plus haut degré. Cette tête, admirablement peinte, offre bien ce caractère d'indulgence et de sagesse, de douceur et de raison qui respire dans le modèle. Ces yeux sont fins, mais affectueux et paternels ; cette bouche sur-tout est d'une expression frappante ; on voit qu'il ne peut en sortir que des paroles de paix, de consolation et de vérité. Tous les grands peintres ont fait le portrait posé simplement, sans attitude recherchée, sans expression spéciale ; M. David ne s'est pas plus écarté des beaux modèles, sous ce rapport que sous les autres ; la pose qu'il a choisie est extrêmement simple, la tête calme, les mains sans action ; la figure dit bien : *me voilà*, et cet éloge, qu'on a appliqué avec tant de raison aux portraits peints par Raphaël et par Vandyck, est ici acquis à juste titre. Il est inutile de parler de l'exécution et de ce que les artistes appellent le *faire* ; les mains sont des chefs-d'œuvre ; les draperies et les ornemens d'une étonnante perfection.

Le 30 mars, le Saint-Père s'est rendu à Saint-Cloud, pour faire visite à leurs majestés impériales, qui sont venues le soir à Paris, et ont rendu la visite à sa Sainteté. Elle fut long-tems à traverser à Saint-Cloud la foule qui se trouvait entre son appartement et sa voiture. Elle donna sa bénédiction aux fidéles avec beaucoup de bonté.

Quelques jours avant de quitter Paris, le souverain Pontife a accordé une audience particulière à M. Marcel, directeur de l'Imprimerie Impériale. Sa Sainteté l'a remercié de nouveau de tout le plaisir qu'elle avait eu dans sa visite à l'Imprimerie Impériale, et lui a parlé avec beaucoup d'éloges du magnifique ouvrage qu'elle a bien voulu agréer, et qui est sorti des presses de cette imprimerie : c'est l'*Oraison Dominicale en cent cinquante langues*. Voici la transcription du frontispice de ce chef-d'œuvre typographique :

*Oratio Dominica*
150 *linguis versa,*
*et propriis cujusque linguæ caractèribus plerumque expressa ;*
*edente* J.-J. MARCEL,
*typographei imperialis administro generali.*
*Parisiis, typis imperialibus, anno repar. sal.* 1805,
*imperiique* NAPOLEONIS *primo.*

Parmi les dernières personnes qui ont été présentées au Saint-Père, on a remarqué M. de Lalli-Tollendal, qui, dit-on, est venu exprès de Bordeaux, pour offrir ses hommages au souverain Pontife.

## CHAPITRE VII.

*Départ de sa Sainteté. — Sa rentrée dans Rome.*

Au moment de son départ le souverain Pontife a fait de riches présens aux officiers de l'empereur qui avaient été attachés à sa personne, pendant son séjour à Paris. Sa majesté a fait aussi présent a chacun des cardinaux qui ont accompagné le Saint-Père, d'une boëte enrichie de diamans, avec son portrait qui la représente revêtue des ornemens du sacre. Elle a donné au Saint-Père une tiare, une chapelle magnifique, des tapisseries des Gobelins, et des porcelaines de Sèves.

Le jeudi, 5 avril à midi, sa Sainteté a quitté Paris avec les prélats et les personnes de sa suite. Une foule d'habitans de tout sexe et de tout âge s'était réunie sur les lieux de son passage, et obtint la bénédiction du souverain-Pontife qui, en ce moment, reçut de nouveau les témoignages de la vénération la plus profonde, et donna des signes de l'attendrissement que ces témoignages lui inspiraient.

Sa Sainteté a couché à Fontainebleau le jour qu'elle a quitté la capitale de l'Empire Français, et, le dimanche suivant, jour des rameaux, elle a célébré les saints-mystères à Troyes.

Le 8, elle est arrivée à 6 heures de l'après-midi à Semur, accompagnée de MM. de Brigode et Durosnel, chambellan et écuyer de l'empereur; un grand concours de monde s'était porté sur son passage. Le clergé est allé à sa rencontre. Le Saint-Père est descendu chez M. le Maire. Sur l'invitation qui lui en fut faite, sa Sainteté alla visiter l'église paroissiale. Après son dîner, ont été successivement présentés à sa Sainteté, par M. le chambellan de l'empereur, M. le curé de

Semur et le clergé des environs ; le tribunal civil, le maire et ses adjoints; les marguillers de la paroisse, les sœurs de l'hospice et les membres composant le bureau de bienfaisance. Sa Sainteté a répondu à tous ceux qui lui ont adressé des discours, avec cette bonté apostolique qui la distingue autant que ses éminentes vertus. Un grand nombre de fidèles que M. le Maire avait rassemblés chez lui ont été admis à baiser son anneau et à recevoir sa bénédiction.

Le lendemain, sa Sainteté est partie après avoir entendu la messe, entourée d'une foule immense qui se pressait sur son passage pour recevoir sa bénédiction.

Sa Sainteté est arrivée le même jour 9, à Châlons sur-Saone, à huit heures du soir, au milieu d'une foule considérable qui était allée à sa rencontre. Des salves d'artillerie ont annoncé l'entrée de sa Sainteté dans cette ville; la voiture est allée au pas, et très-lentement, jusqu'à la maison qui était préparée pour sa Sainteté. Les rues retentissaient des cris de *vive le saint-Père*.

Le souverain-Pontife, en descendant de voiture, a donné sa bénédiction au peuple. La fatigue du voyage l'a empêché de recevoir le clergé.

Le 16 avril, le Saint-Père est arrivé à Lyon, à cinq heures de l'après-midi. Sa présence a excité le même enthousiasme que lors de son premier passage; sa Sainteté a reçu tous les honneurs dus au caractère dont elle est revêtue. Elle a célébré le mercredi suivant les saints-mystères, et a admis le chapitre de la métropole, les ecclésiastiques de Lyon et un concours immense de citoyens, au baisement des pieds. Plusieurs fois elle s'est offerte à la multitude assemblée devant le palais archi-épiscopal, et lui a donné sa bénédiction.

Le 20, le souverain-Pontife a reçu les membres des autorités civiles et militaires et des députations de sociétés savantes.

Sa Sainteté a visité les hôpitaux et établissemens des Frères des Écoles

Chrétiennes, dont elle a béni l'église, qui est celle du ci-devant petit collège. Elle s'est rendue au conservatoire des arts, où étaient exposés les produits de l'industrie lyonnaise.

Deux cérémonies augustes ont eu lieu pendant le séjour du souverain-Pontife, celle de la bénédiction des drapeaux de la garde lyonnaise par sa Sainteté et celle de l'ouverture de l'antique église de Fourvières, sur la montagne qui fut jadis sanctifiée par le sang des premiers martys de la foi. Le Saint-Père, après avoir célébré les saints-mystères, s'est avancé sur la terrasse qui domine la ville, et là sa Sainteté a répandu ses bénédictions sur cette ville et sur-tout le diocèse. On ne pouvait se lasser d'admirer le zèle apostolique de sa Sainteté et son courage à surmonter les fatigues, pour se rendre à l'empressement des fidèles.

Son éminence monseigneur le cardinal archevêque de Lyon a constamtamment accompagné sa Sainteté.

Le

Le 30 avril, à trois heures et demie de l'après midi, le Saint-Père arriva à Plaisance, escorté par un piquet d'artillerie à cheval, en grande tenue, et au bruit des cloches et du canon. M. Moreau de Saint-Méry était allé à sa rencontre, à Castel-San-Giovani, et l'accompagna jusqu'aux frontières du royaume d'Étrurie. Le concours des personnes de la ville et des campagnes était immense, et les démonstrations de la joie la plus vive ont par-tout éclaté sur le passage de sa Sainteté. Elle s'est d'abord rendue à l'église du Dôme, accompagnée par l'évêque de cette ville, maître de la chambre du Saint-Père; elle y a donné sa bénédiction: elle s'est rendue ensuite au palais Scotti, qui avait été préparé pour la recevoir. Le soir toute la ville fut illuminée. Le lendemain matin, sa Sainteté a admis au baisement des pieds et de la main, indistinctement, des personnes de tous états; et à huit heures et demie, elle est partie pour

Parme au milieu des plus vives acclamations de la foule immense qui s'était réunie pour jouir encore de sa présence.

Le Saint-Père est arrivé à Rome, le 16 mai à quatre heures et demie du soir. La garde noble de sa Sainteté était allée au-devant d'elle jusqu'aux frontières de Toscane. Le Pape s'arrêta le premier jour à Pérouse; le second à Nepi; et enfin le 16, à quatre heures et demie du soir, il fit son entrée à Rome au milieu d'un concours immense qui s'était porté sur son passage. Toutes les cloches de la ville et le canon du château Saint-Ange annoncèrent son arrivée. La route par laquelle il entrait venait d'être réparée, sablée, jonchée de feuilles et de fleurs. Le Ponte-Molle, dont les dernières inondations du Tibre avaient emporté une partie, venait d'être réparé: on avait ouvert à travers la tour quarrée qui masque l'entrée du pont, un arc de triomphe, et sa Sainteté est la première personne qui y ait passé.

Quoique la réparation du pont et la porte nouvelle ne fussent pas achevées, sa Sainteté put voir dans les préparatifs qu'on avait faits pour rendre son arrivée plus solemnelle, combien on avait d'empressement à la recevoir. Elle répandit des bénédictions sur tout son passage, avec un air d'émotion dont on ne pouvait qu'être soi-même vivement touché. Elle remarqua au nombre des premières voitures qui bordaient la route, celle de la légation de France. Elle lui envoya avec sa bénédiction un regard d'intérêt et de bonté. Tout le peuple se mettait à genoux sur son passage : un corps de troupes à cheval ouvrait la marche. Dans la première voiture étaient le majordôme et quelques officiers de sa Sainteté, la voiture du Saint Père venait ensuite. MM. les cardinaux Di Pietro et de Bayanne étaient avec lui. MM. de Brigode, du Rosnel et un officier de sa Sainteté étaient dans une troisième voiture, et le cortège était fermé par la garde d'honneur de sa Sainteté.

Tous ceux qui étaient allés au-devant du Pape jusqu'au de-là de Ponte-Molle, regagnaient par des chemins plus courts, la place de la Basilique de Saint-Pierre, afin de se retrouver encore sur le passage de sa Sainteté, et de jouir de sa présence qui était bien vivement desirée. Il y eut sur tout son passage beaucoup d'acclamations et d'attendrissement.

Lorsque le Pape entra à Saint-Pierre, le cardinal d'Yorck, vieillard de 92 ans et archiprêtre de Saint-Pierre, le reçut sur la porte de la Basilique, à la tête du sacré collège et de tout le clergé.

Le Pape était revenu dans la capitale du monde chrétien.

L'autel de Saint-Pierre était le terme de son voyage. Il se jeta à genoux pour remercier Dieu : la musique exécuta un *Te Deum ;* la bénédiction du saint-sacrement fut donnée solemnellement au peuple qui était accouru de toutes les parties de Rome dans l'église et sur la place de Saint-Pierre. Sa Sainteté sortit pour aller dans ses voitures, au palais de Monte-Cavallo où elle réside.

A la première heure de la nuit, toute la Basilique fut illuminée au même instant ; une heure après, on tira du château Saint-Ange le feu d'artifice connu sous le nom de la *Girandole*. Il y eut ensuite *ricerimento* dans les appartemens du sénateur de Rome, qui habite le palais du Capitole. Ce *ricerimento* est une assemblée où se rendent les familles de Rome les plus distinguées ; elle se tient dans les salles même du Musée du Capitole, et au milieu des chefs-d'œuvre de tous genres qui y sont rassemblés.

Rome jouit tous les ans, pour la fête de Saint-Pierre, d'un pareil spectacle; mais le gouvernement en fait habituellement les frais; et dans la circonstance actuelle, c'était une fête que la noblesse donnait à sa Sainteté, et dont elle avait demandé la faveur de faire elle seule la dépense.

Le retour du Saint-Père dans ses états à soixante-deux ans, avec une santé délicate, mais que les fatigues du voyage ne paraissent pas avoir altérée, est une époque que toutes les circonstances antérieures à son arrivée rendent encore plus remarquable. On se rappele tout ce qu'il a fait en France, l'accueil qu'il y a reçu de sa majesté, les respects qu'on lui montra dans tous les lieux de son séjour et de son passage; et ceux qui aiment pour la France un gouvernement auguste et affermi, ceux qui desirent le bien de la religion, regardent la mission que vient de terminer le souverain Pontife comme la plus glorieuse dont les papes aient jamais pu s'honorer.

Dans l'allocution que le Saint-Père a prononcée le 26 juin en consistoire secret, il a d'abord fait l'historique de son voyage, depuis son départ de Rome jusqu'à son arrivée à Paris. Il a parlé de tous les témoignages de vénération et de piété que le père commun des fidèles et le vicaire de Jésus-Christ sur la terre a reçus dans tous les lieux qu'il a parcourus. Il a dit ensuite :

» Après avoir terminé l'auguste cérémonie du couronnement, nous nous sommes incessamment occupés des affaires de la religion, et nous nous sommes livrés à ce travail avec d'autant plus de confiance, que l'empereur, comme vous le savez déjà, nous avait donné l'assurance par ses lettres, qu'il voulait chercher dans des entretiens particuliers avec nous les moyens d'étendre la religion catholique et de rendre au culte son ancien éclat ; et nous ne pouvons ici, sans éprouver un profond sentiment de reconnaissance, vous rappeler l'aménité, la politesse, la bonté et cette douce prévenance avec lesquelles sa majesté nous a écoutés lorsque nous lui avons exprimé nos vœux avec toute notre franchise apostolique ; avec lesquelles elle a acueilli les demandes que nous lui avons faites pour le bien de la religion catholique, pour la splendeur de l'église gallicane, pour l'autorité et la dignité du saint-siège.

» Ce que nous avions de plus à cœur, c'était de nous assurer du sincère retour à l'unité catholique de quelques évêques qui avaient eu besoin d'un témoignage authentique de réconciliation à l'église pour obtenir l'institution canonique, et qui, après l'avoir reçue, s'étaient cependant conduits de manière à nous donner, de grandes inquiétudes sur leurs véritables sentimens. Mais peu de jours après, il ont dissipé tous nos doutes; car ils nous ont déclaré, non-seulement de vive voix, mais dans des écrits dont nous sommes dépositaires, qu'ils adhéraient fermement à se soumettre de cœur et d'esprit à tous les jugemens rendus par le saint-siège dans les affaires ecclésiastiques de France. Quelle joie ! quelle consolation ils ont versée dans notre ame! Comme nous avons mêlé nos larmes aux leurs en les embrassant dans notre tendresse paternelle! et nous l'espérons, notre consolation ne sera pas passagère; elle ne sera que se fortifier de plus en plus : nous avons confiance que désormais il ne nous donneront aucun sujet de plainte, et que par une conduite notoire et constante, ils prouveront que c'est dans toute la sincérité de leur cœur qu'ils se sont soumis à l'église. Que Dieu, scrutateur des cœurs, daigne exaucer nos ferventes prières; qu'il confirme par sa grace, et qu'il achève la bonne œuvre qu'ils ont faite!

» Cette grande affaire étant terminée, nous nous sommes aussitôt occupés de ce qui restait à régler, afin de pourvoir au plus grand bien de la religion, de rendre à l'église sa liberté, au clergé son lustre, afin d'augmenter le nombre des ministres sacrés, et de leur assurer une existence honorable. Pleins de cette confiance que le très-clément empereur nous a inspirée, usant de la liberté qui convient au ministère apostolique, nous lui avons découvert de vive voix et par écrit, toutes les plaies que les orages des tems passés et la perversité des nouvelles doctrines ont faites à l'église gallicane; nous lui avons exposé l'état déplorable, où elle se trouvait réduite, et nous lui avons fait connaître à ce sujet nos vœux et nos demandes. Les réponses que nous avons reçues de l'empereur, toutes remplies de déférence et de respect envers nous, nous donnent le ferme espoir que l'église de France se rétablissant peu-à-peu, reprendra sa forme ancienne et sa première vigueur. Quelques-uns des maux qu'elle endure, et qui ont fondu violemment sur elle, portent un tel caractère, qu'on ne pourrait y appliquer un remède aussi violent et aussi prompt, sans les aggraver au lieu de les guérir.

» Ne croyez pas, vénérables frères, que nous soyons réduits à de simples espérances. Plusieurs choses ont déjà été faites : elles sont un gage de ce qui reste à faire. Les sociétés des prêtres de la Mission, et des filles de la Charité, si salutairement instituées par Saint-Vincent de Paul, ont été rétablies et se montrent parées de leurs costumes religieux. Des fonds ont été assignés par un décret public pour l'exercice du culte et pour la réparation des cathédrales; de vastes et de magnifiques édifices ont été affectés aux séminaires, et l'on a permis à ces établissemens de recevoir les legs qui pourraient leur être faits, soit en argent, soit en biens fonds. Les séminaires des églises métropolitaines ont déjà des ressources assurées qui leur sont assignées sur le trésor public; les revenus des églises cathédrales, appartenant aux évêques et aux chapitres déjà établis, ont été augmentés; les municipalités, les départemens ont ordre de fournir les fonds nécessaires à l'entretien des églises et à l'acquisition de leur mobilier et de leurs ornemens. La société des Missions Étrangères, destinée à porter la loi catholique jusqu'aux extrémités de la terre, a été rétablie; on lui a rendu les biens qu'elle possédait, et on lui a accordé la faculté d'en acquérir de nouveaux. Des prêtres envoyés, pour annoncer l'évangile aux infidèles, sont aidés et protégés par l'autorité impériale. Nous avons eu la consolation de donner notre bénédiction apostolique à quelques-uns de ces missionnaires partant pour la Chine. Parmi tant de soins importans qui nous occupaient, nous n'avons pas oublié notre basilique patriarchale de Saint-Jean de Latran, la mère et le chef de toutes les églises de Rome et de toute la chrétienté; elle a recouvré, par la générosité de l'empereur, les revenus qu'elle possédait en France et que la révolution lui avait fait perdre. On a fait, en outre, d'autres choses très-importantes. Des ordres ont été donnés pour que les évêques pussent librement exercer les droits de juger les ecclésiastiques infracteurs de la discipline, et leur infliger les peines canoniques, s'il est nécessaire. Il a été pris des mesures pour que l'autorité séculière n'entravât point injustement la puissance spirituelle des évêques ; les obstacles qui empêchaient les jeunes gens d'entrer dans l'état ecclésiastique ont été diminués ; enfin on s'est occupé des moyens d'élever chrétiennement la jeunesse, et de fournir les secours spirituels aux infirmes, aux soldats et aux gens de la campagne. Tels sont les fruits que nous avons recueillis de nos entretiens avec un grand prince, fruits qui sont pour nous le gage des faveurs plus abondantes que nous lui avons demandées et que nous attendons de son amour pour la religion ».

Le Saint-Père a parlé ensuite avec un saint enthousiasme des sentimens de ferveur et de piété qu'ont fait éclater tous les français à son arrivée et pendant son séjour en France, de ce concours religieux des fidèles qui par-tout se portaient sur les pas de sa Sainteté, et remplissaient les églises qu'il visitait à Paris, à Lyon, et dans les autres villes de l'empire. Le Saint-Père n'a pas oublié de payer au clergé de l'église gallicane le tribut d'éloges qui lui est dû. « Les expressions me manquent, dit-il, pour dépeindre la vigilance, le zèle et le travail avec lesquels les évêques de France se livrent à la garde et à la conservation du troupeau qui leur est confié.

» Nous ne pouvons passer sous silence, nos vénérables frères, les autres biens spirituels que Dieu, le père des miséricordes, a daigné opérer par nous en France. Vous savez avec quel zèle et quelle ardente piété les peuples de France ont révéré dans nous le suprême pasteur de l'église catholique. Ce que vous en avez appris, loin de surpasser la vérité, ne l'a pas même atteinte. Il n'y a point de termes pour exprimer l'amour, le zèle et les témoignages extérieurs des français pour la religion. Le Dieu miséricordieux a daigné combler de tant de bénédictions notre voyage en France que les évêques n'ont pas craint souvent de nous affirmer qu'il avait contribué, au-de-là de ce qu'on pourrait penser, au bien spirituel de ce peuple. Nous n'avons discontinué d'accorder à tous un accès facile auprès de nous, d'écouter leurs demandes et d'y satisfaire autant qu'il nous a été possible, de remédier aux maux spirituels, et d'exciter la piété dans toutes les ames. Nous avons visité toutes les paroisses de Paris, et là, comme nous l'avons fait ensuite à Lyon, nous avons distribué nous mêmes à plusieurs milliers de fidèles le pain eucharistique.

» Nous avons aussi visité les hospices où les malades reçoivent les secours de la charité chrétienne, ou qui sont consacrés à l'instruction religieuse de la jeunesse. Une grande foule de catholiques nous environnait de toutes parts, nous suivait à notre sortie et à notre retour, et paraissait n'être jam s rassasiée de recevoir nos bénédictions apostoliques.

» Que dirons-nous du très - illustre clergé de France? Les sentimens qu'il a fait éclater pour nous ont été portés à un tel degré, que nous sommes comme dans l'impuissance de dire combien nous en avons été touchés. On ne saurait exprimer le zèle ardent, la vigilance, les soins infatigables avec lesquels les évêques surtout gouvernent le troupeau qui leur est confié, honorent ainsi la religion dont ils sont les ministres, et lui attirent le respect même de ses ennemis. En ayant été nous-mêmes témoins, nous avons jugé que nous devions décerner de justes louanges au clergé de France, à la face de l'église universelle.

» Nous n'avons pas non plus négligé, à Paris, de remplir ce qui est de notre propre ministère : nous avons rassemblé en consistoire nos vénérables frères les cardinaux qui nous avaient accompagnés, et ceux qui demeuraient à

Paris, et nous avons donné le chapeau au cardinal de Belloy archevêque de Paris, et au cardinal Cambacérès archevêque de Rouen, avec les solemnités et le rit prescrits par les constitutions apostoliques. Nous avons pourvu les églises vacantes de nouveaux évêques, et avons nous-mêmes sacré quelques-uns d'eux dans la vaste église de saint-Sulpice, au milieu d'une foule immense de fidèles. Peu de jours avant notre départ de Paris, nous avons conféré le baptême au prince Napoléon, neveu de l'empereur, avec le plus grand appareil, en présence des grands de cette cour splendide rassemblés au château de saint-Cloud pour cette cérémonie. L'empereur lui-même et son auguste mère présentèrent religieusement l'enfant sur les fonts sacrés.

» Tels ont été nos travaux en France, telles ont été les œuvres du très-glorieux empereur des français pour la religion, et telle a été l'issue de notre voyage.

» Ces choses étant terminées, et le retour du printems favorisant notre voyage, nous jugeâmes que nous devions retourner dans notre ville et à notre siége. Ayant rempli nos devoirs envers l'invincible empereur, duquel nous étions forcés de nous séparer, et après avoir reçu de lui de nombreux gages de ses bons sentimens envers nous, nous nous sommes de nouveau mis en route. Étant parvenus à Châlons, nous y célébrâmes les jours solemnels consacrés à la mémoire de la passion et de la résurrection de notre Seigneur. Quelle ne fut pas la piété des habitans et des étrangers accourus des villes voisines, quel affectueux empressement pour notre personne, joint avec le respect! De-là nous sommes partis pour Lyon : les habitans de cette ville ont renouvellé envers nous et le saint siége, avec plus d'ardeur encore, s'il est possible, qu'à notre premier passage, les témoignages de leur soumission et de leur amour.

Notre vénérable frère le cardinal Fesch, archevêque de Lyon, nous rendit une seconde fois, et d'une manière magnifique, les offices de l'hospitalité. Nous nous réjouissons de trouver ici l'occasion de publier et de lui témoigner notre gratitude. Nous n'oublierons pas que pendant notre séjour à Lyon, la très-célèbre chapelle de Fourvière, consacrée à la très-Sainte-Vierge, a été rouverte par nous, au milieu de l'allégresse incroyable de tout le peuple, et rendue, comme auparavant, à la dévotion publique. A Turin, où les habitans firent éclater une seconde fois leurs sentimens religieux envers nous, nous eumes la grande joie de revoir l'empereur Napoléon et de nous entretenir avec lui. Nous lui recommandâmes de nouveau avec instance les choses ecclésiastiques de France et d'Italie; et après lui avoir renouvellé nos actions de graces de tout ce qu'il a fait pour nous et la religion catholique, nous nous mîmes en route pour l'Étrurie, et nous arrivâmes à Florence.

» Notre entrée dans cette ville se fit avec beaucoup de splendeur et au milieu de la joie publique. La très-illustre reine d'Étrurie réitéra envers nous son accueil plein de magnificence et ses témoignages de piété. Le seigneur, dans sa miséricorde toute puissante, nous avait préparé dans cette ville la plus douce des consolations.

» Dans notre premier passage, nous avions pressenti que notre vénérable frère, Scipion Ricci, ancien évêque de Pistoie, pensait sérieusement à se réconcilier avec nous et la sainte-église romaine, chose que nous désirions depuis long-tems de concert avec tous les gens de bien. Il nous fit savoir avec une confiance toute filiale, qu'il était prêt de souscrire dans toute la sincérité de son cœur, à la formule qu'il nous plairait de lui proposer. Il n'a pas manqué à sa parole; car la formule qui lui a été envoyée par notre vénérable frère l'archevêque de Philippes, a été admise et signée par lui. Par cette déclaration qu'il a desiré être publique en réparation du scandale, il a témoigné qu'il recevait purement, simplement, et de tout son cœur, et révérait les constitutions du saint-siège apostolique, par lesquelles sont proscrites les erreurs de Baius, de Jansenius, de Quesnel et de leurs sectateurs, et notamment la bulle dogmatique *aucthorem fidei*, par lesquels sont condamnées quatre-vingt-cinq propositions tirées du synode de Pistoie qu'il avait assemblé lui-même et fait publier. De plus, il a déclaré qu'il reprouvait et condamnait toutes ces propositions et chacune d'elles, avec les qualifications et les sens qui sont exprimés dans la bulle mentionnée. Enfin il a déclaré qu'il voulait vivre et mourir dans la foi de la sainte-église apostolique et romaine, dans une soumission parfaite envers elle, ainsi qu'envers nous et nos successeurs, assis sur la chaire de Saint-Pierre, en qualité de vicaires de Jésus-

Christ. Après cette déclaration solemnelle, nous l'avons appelé auprès de nous ; nous l'avons entendu protester de nouveau de la sincérité de ses sentimens, de son intime soumission aux décisions dogmatiques de Pie vi, de son attachement à la foi orthodoxe et au siége apostolique, qu'il a dit avoir conservés, même au milieu de ses erreurs. Nous l'avons embrassé paternellement ; nous avons reconnu tout le mérite de son action, et nous l'avons reconcilié avec nous et l'église catholique, de toute l'affection de notre charité. En nous félicitant, dans des lettres que nous avons depuis peu reçues de lui, de notre heureux retour à Rome, il a déclaré persister dans la rétractation faite à Florence. Ce qui a de nouveau pénétré notre cœur de joie.

» Voilà, vénérables frères, ce que nous avons cru devoir vous annoncer; il ne nous reste plus qu'à nous prosterner avec confiance aux pieds du trône de l'auteur de tous biens, et qu'à le supplier humblement, par l'intercession des bienheureux apôtres Pierre et Paul, de protéger, d'achever, dans sa miséricorde, tout ce que nous avons commencé dans notre faiblesse pour sa gloire, l'accroissement de la religion, le salut des ames, le bien de l'église et du siége apostolique. »

F I N.

# TABLE DES MATIÈRES.

Préface.................... Page 5.
Chapitre Ier. 7.
   *Inauguration des premiers Rois de France.* Ibid.
   *Sacre des Rois de France.* 8.
   *Sacre des Reines de France.* 9.
   *Rois de France sacrés par des Papes.* 14.
Chap. II. 22.
   *Sur la personne du Souverain-Pontife, Pie VII.* Ibid.
   *Lettre du cardinal Légat aux évêques de France à l'occasion du voyage de sa Sainteté.* 24.
   *Extrait du mandement du cardinal archevêque de Paris, sur le même sujet.* 26.
   *Extrait d'un autre mandement du même cardinal, à l'occasion du sacre de l'Empereur.* 27.
   *Stances sur l'arrivée du Saint-Père en France.* 29.
   *Allocution du Saint-Père à Rome, en consistoire secret, à l'occasion de son départ.* 39.
   *Départ du Saint-Père, et son itinéraire en Italie.* 39.

CHAP. III. *Arrivée du Saint-Père à Turin.* 42.

— *à Lyon.* 43.
*Mort du cardinal Borgia.* 45.
*Notice historique sur ce cardinal.* 47.
*Suite du voyage du Saint-Pere jusqu'à Fontainebleau.* 50.
*Entrevue de l'Empereur et du Saint-Père à Fontainebleau.* 52.
*Visites des princes et des grands dignitaires au Saint-Père.* 53.
*Arrivée du Saint-Père à Paris.* 56.
*Discours de M. Fontanes à sa Sainteté.* 57.
— *de M. François (de Neuf-Château.)* 60.

CHAP. IV. *Réception du Saint-Père à Notre-Dame.* 64.
*Cérémonies du sacre et du couronnement.* 69.
*Notice historique sur la chapelle pontificale de Rome.* 81.

CHAP. V. *Fonctions pieuses du Souverain Pontife à Paris.* 86.
*Visite du clergé de Paris à sa Sainteté.* 87.
*Le Saint-Père à Saint-Sulpice.* 88.
— *aux sœurs de la Charité.* 90.
— *à Notre-Dame.* 91.
— *à saint-Thomas d'Aquin.* 93.
— *à saint-Eustache.* 94.
— *à saint-Roch.* 95.
— *à Versailles.* 96.

— à saint-Etienne-du-Mont. 98.
Consistoire public tenu par le Saint-Père à l'archevêché. 99.
Consécrations d'évêques faites par sa Sainteté dans l'église saint-Sulpice. 104.
Le Saint-Père à sainte-Marguerite. 105.
— à saint-Méry. 106.
— à saint-Germain-des-Prés. 107.
Cérémonie du baptême du prince Napoléon Louis, à saint-Cloud, par sa Sainteté. 109.

CHAP. VI. Hommage fait au saint-Père, par M. Desray, d'un exemplaire des Oiseaux dorés. — Réponse faite au nom de sa Sainteté. 118.
Députation de la Cour de Cassation au Saint-Père. — Discours de M. Muraire, président. 120.
— des fonctionnaires publics de plusieurs départemens. 122.
Le Souverain Pontife au Musée. 124.
Hommage de M. Drouin à sa Sainteté. 125.
— de M. Marron, président du consistoire de Paris. 126.
— de M. Leclerc, ancien oratorien. 127.
Le Saint-Père à l'Hôtel des Invalides. 128.
Hommage de M. Calvel à sa Sainteté de ses ouvrages d'agriculture. 129.
— De M. Portal, de son ouvrage sur l'a-

natomie médicale. — *Son discours.* Ibid.
Le Saint-Père à la manufactue de porcelaines de Sèvres. 134.
— au Muséum d'Histoire naturelle. — Discours de M. Fourcroy. Ibid.
— à la Monnaie des médailles. 137.
— à la Manufacture des Gobelins. 139.
— à l'Hôtel-Dieu. — Discours du préfet du département de la Seine. 144.
— à la Manufacture de vernis sur métaux. 147.
— à la Bibliothèque Impériale. Ibid.
— au Conseil des mines. 152.
Hommage du bureau des longitudes à sa Sainteté. — Discours de M. de Lalande. Ibid.
Le Saint-Père à l'Imprimerie Impériale. 156.
— à la Manufacture des glaces. 159.
— à l'Hôtel des monnaies. Ibid.
— au Conservatoire des arts et métiers. 161.
— à l'Institution des Sourds-Muets. 165.
Hommage de M. Vaudoyer architecte, à sa Sainteté. 169.
Le Saint-Père à l'hospice des Quinze-Vingts. — Discours de M. Desfaucherets. 171.
Députation à sa Sainteté du Comité Cen-

tral de Vaccine. — Discours de M. Guillotin. 177.

M. Coulon architecte, présenté à sa Sainteté par M. de Cicé. 185.

Hommage de M. David, graveur. 186.

Seconde visite du Saint-Père au Muséum d'Histoire Naturelle. Ibid.

Portrait du Saint-Père par le peintre David. 188.

Audience accordée par sa Sainteté à M. Marcel. 190.

CHAP. VII Départ de sa Sainteté. — Présens donnés et reçus. 192.

Rentrée du Saint-Père dans Lyon. 195.

Son arrivée en Italie. 197.

Sa rentrée dans Rome. 198.

Fête donnée à sa Sainteté. 200.

Allocution prononcée par le Souverain Pontife en consistoire secret sur son voyage en France. 203.

FIN DE LA TABLE.

―――――

De l'Imprimerie de Rousseau, rue du Foin Saint-Jacques, N°. 13.

www.ingramcontent.com/pod-product-compliance
Lightning Source LLC
Chambersburg PA
CBHW051921160426
43198CB00012B/1991